99%のためのフェミニズム宣言

シンジア・アルッザ
ティティ・バタチャーリャ
ナンシー・フレイザー 共著
惠 愛由 訳／菊地夏野 解説

Feminism for the 99%
A Manifesto

人文書院

99%のためのフェミニズム宣言　目次

凡例

- 本書は、Cinzia Arruzza, Tithi Bhattacharya, and Nancy Fraser, *Feminism for the 99%: A Manifesto*（2019, Verso）を訳出したものである。
- 原文中の引用符は、「　」で示した。
- 原文中のイタリック体による強調箇所は、文脈に応じて、傍点、ゴシック体の太字で示した。
- 注は訳者と編集部による。

99%のためのフェミニズム宣言

はやくから道を指し示してくれた
カンビー・リバー・コレクティヴに[1]

そしていま　新しい道を切り開こうとしている
ポーランドとアルゼンチンのフェミニスト・ストライキ活動家たちに

1　一九七〇年代のアメリカで活躍した黒人レズビアン・フェミニストの組織。設立者はバーバラ・スミス。「コンバヒー」という呼び名が流通しているが、カンビー川流域での発音は「カンビー」のため、そちらに準拠した。

マニフェスト

分岐点

二〇一八年春、フェイスブック社の最高執行責任者（COO）であるシェリル・サンドバーグは世界に向けてこう発言した。「すべての国と企業のうち半数が女性によって運営され、すべての家庭のうち半数が男性によって切り盛りされれば、状況はずっとよくなるでしょう」。そして「その目標を達成するまで、私たちは決して満足してはいけないのです」。企業《コーポレート》フェミニズムの主唱者として、サンドバーグはそのときすでに女性経営者らが役員会の「内側に入りこむ《リーン・イン》」よう促すことで名声（かつ財力）を得ていた。アメリカの財務長官ラリー・サマーズ――ウォール街の規制を緩和した男性――の元首席補佐官であった彼女は、ビジネス界の荒波をくぐり抜けて勝ち取る成功こそがジェンダー[2]の平等へとつづく王道なのだ、とすこしの懸念もなく力説した。

　同じ年の春、闘争的なフェミニスト・ストライキがスペインを機能不全に追いこんだ[3]。五〇〇万人を超える参加者に支えられ、二四時間にわたるストライキを組織したウエルガ・フェミニスタ《フェミニスト・ストライキ》の主導者たちが呼びかけたのは、「性差別的抑圧、搾取、暴力から解放された社会の実現」であり、「私たちに従順であること、服従すること、沈黙することを要求する家父長制と資本主義の協力体制に抵抗し、闘いを挑む」ことだった。マドリードとバルセロナの上に太陽が沈んだとき、フェミニスト・ストライキの参加者たちは世界にこう表明したのである――「この三月八日、我々は断固

2　出生時に身体的特徴から名指される性（セックス）に対して、社会や文化のなかで構築された性。あるふるまいや役割が「男らしさ」や「女らしさ」と結びつけられるときに働く分類の力。

3　三月八日の国際女性デーに、スペイン全土で女性たちが職場および家庭での労働をすべてストップさせるゼネラル・ストライキを決行。スローガンは「女性がいなければ世界は止まる」。

として、すべての生産活動、また再生産活動を停止させる」。そして今後、「同じ労働に従事する男性よりも劣る労働条件や賃金を決して認めない」と。

これら二つの声は、フェミニストの運動においてまったく逆の方向を示している。他方、サンドバーグや彼女と同階級に属する人々は、フェミニズムを資本主義の侍女であるとみなしている。彼（女）らが望むのは、職場での搾取と社会全体における抑圧を司る仕事が、支配階級の男女によって等しく分担される世界である。これは支配の機会均等という特筆すべき展望であり、つまりは普通の人々に対し、フェミニズムの名の下にこう求めるのだ――あなたがたの労働組合を破壊し、あなたがたの親を殺すようドローンに命じ、あなたがたの子どもたちを国境沿いの檻のなかに閉じこめるのが、男性ではなく女性であることをありがたく思いなさい。こうしたサンドバーグのリベラル・フェミニズムとはまったく対照的に、ウエルガ・フェミニスタの主導者たちは「資本主義に終焉をもたらす」ことを主張している。つまり、上司《ボス》というものを生み出し、国境を設け、それらを警備するためにドローンを生産するシステムの終焉である。

フェミニズムのこの二つのヴィジョンを前にして、私たちは一つの分岐点に立っていることがわかる。そして、私たちの選択は人類全体に誰も予想のできなかったような結果をもたらすことになる。一方の道は、人間の暮らしが存続可能なのかわからないほど悲惨なものになってしまう焼け焦げた地球へとつづいている。もう一方の道は、人間が見うるかぎりもっとも崇高な夢のなかで語られてきたような世界へと向かっていく。すなわち、富と天然資源がすべての人によって共有された世界、平等と自由がもはや渇望の対象ではなく、前提となった公正な世界へと。

これほどはっきりとした対比はない。それでもこの選択が急を要するのは、現時点では二つの中庸を行く道がないからだ。新自由主義（ネオリベラリズム）[4]に代わる選択肢を、私たちはまだ持っていないのだ。新自由主義とは、過去四〇年にわたって地球を席巻してきた、極めて略奪的かつ金融化された資本主義経済の一形態である。新自由主義は大気を汚染し、民主的統治の建前をことごとく嘲り、私たちの社会的許容度を極限まで押し拡げ、圧倒的多数の人々の生活環境を全般的に悪化させた。この資本主義の形態があらゆる社会的闘争により多くのものを背負わせ、ささやかな改革をしていこうとする地道な努力を、生存のための大規模な戦争へと変えてしまったのである。このような状況のなか、傍観者でいた時代はもう終わった。フェミニストたちは明確な立場を示さなければならない。地球が炎上しているというのに、私たちは「支配の機会均等」を求めつづけるのか？　それとも、ジェンダーの公平性を再考するのか？——現在の苦境を越えて新しい社会へと導いてくれる、反資本主義的な方法で。

このマニフェストは第二の道、すなわち私たちが必要かつ実現可能であ

4　本来は政府による個人や市場への介入は最低限にすべきとする「小さな政府」を進める自由主義の一つだが、実際には社会全体を競争原理で満たそうとする介入主義的な統治の側面が強い。公営事業の民営化、労働法の規制緩和、社会保障制度の縮小などを特徴とする。

ると考える道を進むための見取り図だと言える。今日、反資本主義のフェミニズムを構想できるようになった理由の一つとして、政界のエリート層に対する信用が世界中で崩壊しはじめていることがある。その被害者には、新自由主義を推し進めてきた中道左派や中道右派の政党――いまではかつての面影だけを残した、蔑まれた者たちだ――だけではなく、かのサンドバーグ・スタイルの企業《コーポレート》フェミニストの支持者たちも含まれており、彼女たちの「進歩的」な体裁はかつての輝きを失ってしまった。リベラル・フェミニズムは二〇一六年の米国大統領選挙で決定的な敗北を喫した。大々的に宣伝されたヒラリー・クリントン候補は、女性有権者たちの心を燃え上がらせることができなかった。これにはしかるべき理由がある。つまりクリントンは、エリート女性が高官へ昇格することと、圧倒的多数派の人々の暮らしを改善することのあいだに潜む深い亀裂を体現したのだ。

クリントンの敗北は、私たちの目を覚まさせた。リベラル・フェミニズムの崩壊が露呈し、左派からの突破口が開けたのである。リベラリズムの衰退が生んだ真空状態のなかで、私たちはまた別のフェミニズムを構築するチャンスを得ている。すなわち、フェミニストが取り組むべき問題とは何なのかという問いに、これまでとは異なる定義を与えるフェミニズムである。それは、これまでとは異なる階級的指向を持ち、急進的かつ変革の力を具えた、これまでとは異なる精神を有するフェミニズムである。

このマニフェストは、そのような「もうひとつの」フェミニズムを推し進める私たちの奮闘そのものだ。私たちは架空のユートピアを描くためではなく、公正な社会に到達するためにたどらねばならない道のりを明確化しようとして書いている。私たちは、なぜフェミニストたちがフェミニスト・ストライキの道を選択するべきなのか、なぜ私たちがほかの反資本主義運動や反体制運動と結束しなければならないのか、また、なぜ私たちの運動が99%のためのフェミニズムにならねばならないのかを説明するつもりだ。こうした方法――反人種主義者、環境活動家、労働や移民の権利活動家たちとつながること――によってのみ、フェミニズムは私たちが生きているこの時代の困難に立ち向かうことができる。断固として「体制の一員になる《リーン・イン》」という教義や1％のためのフェミニズムを拒否することをもって、私たちのフェミニズムはほかのすべての人々のための希望の指針となりうるだろう。

現在のこのプロジェクトに乗り出す勇気を与えてくれたのは、闘争的なフェミニズム運動の新たな波だ。それは、働く女性に悲惨な結果をもたらし、いまも血が噴き出すように信用を失いつづけている、かの企業《コーポレート》フェミニズムではない。ましてや、少額融資によってグローバル・サウス[5]で暮らす女性たちに「力を与える《エンパワー》」[6]のだと宣言する、「マイクロクレジット[7]・フェミニズム」でもない。そうではなく、私たちに希望を与えてくれるのは、二〇一七年と二〇一八年に世界中のフェミニストたち・女性たちが行

5 グローバル化と新自由主義によって、国家や領土を超えた貧困・搾取・暴力の構図ができ、従来のように「北／南」という地理の分布だけでは富と資源の不均衡が捉えきれなくなっている。その変化を受けた概念。

6 抑圧下にある人々の生活を向上させたり、精神的に勇気づけること。リベラル・フェミニズムの文脈においては、「女性」が企業などにおける権力を得られるよう「力づける」ことを指す場合が多い。エンパワメントとも。

ったストライキである。これらのストライキと、それに協調してしだいに展開しつつある数々の運動こそが、99％のためのフェミニズムにまず最初の命を吹きこみ、さらには現在の具体的な活動へとつなげてくれたのである。

7　とくに発展途上国の貧困層や失業者など、銀行から融資を得られない低所得者を対象にして、無担保で小口資金を融資すること。一九七〇年代のバングラデシュのグラミン銀行が始まり。貯蓄や保険など対象範囲が広がったため、マイクロファイナンスとも呼ばれる。

1　新たなフェミニズムの波がストライキを再構成する

近年のフェミニスト・ストライキ運動は二〇一六年一〇月、ポーランドから始まった。一〇万人以上の女性たちが国家による中絶の禁止に抵抗してストライキに踏み切り、行進したのだ。一〇月末には、徹底的な拒絶のうねりはすでに海を越えてアルゼンチンに波及し、そこでスト中の女性たちがルシア・ペレス[8]の凶悪な殺人事件に対して闘いを宣言した――

8　二〇一六年一〇月八日、当時一六才だったルシア・ペレスが、暴行されたのち殺害された事件。女性を標的とした殺人（フェミサイド）だとして、抗議運動が世界各地に広まった。

ニ・ウナ・メノス《もう一人も欠けてはならない》。波はすぐにイタリア、スペイン、ブラジル、トルコ、ペルー、アメリカ、メキシコ、チリ、そしてさらに数十カ国もの国々に広がっていった。路上から始まったこの運動はまたたく間に職場や学校へと押し寄せ、最終的にはショー・ビジネスやメディア、そして政治にいたるまでの目まぐるしい世界を巻きこんでいった。二〇一六年以来、運動のスローガンは世界中で力強く鳴り響いてきた。たとえば #NosotrasParamos、#WeStrike、#VivasNosQueremos、#NiUnaMenos、#TimesUp、#Feminism4the99[9]などがそうである。はじめは波紋だったものが波になり、その波が巨大な潮の流れを生んだ。それは世界的なフェミニズム運動の新たな潮流であり、既存の協力体制を揺さぶって政治地図を描き直すまでに勢いを増していく可能性を秘めている。

あくまで国単位での活動であった一連の運動は、二〇一七年三月八日を境に国境を越えた運動となった。その日、世界中の運動の主導者たちが共

9 それぞれ「私たちはストライキする」、「私たちは生きていたい」、「もう一人も欠けてはならない」、「もう終わりにしよう」などの意味。いずれも #MeToo と同じく、性暴力やジェンダー格差への反対を呼びかけるハッシュタグ。

にストライキすることを決めたのだ。この大胆な一手によって、彼（女）らは国際女性デーをふたたび政治化した。薄っぺらな脱政治化のまやかし――ブランチやミモザ、ホールマークのメッセージカード[10]――を払いのけ、ストライキの参加者たちは、国際女性デーのすっかり忘れられていた歴史的ルーツが労働者階級や社会主義フェミニズムにあることを思い出させた。彼（女）らの活動は、二〇世紀前半の労働者階級の女性たちの動員活動――典型的には、その多くがアメリカに住む移民やユダヤ系の女性たちによって指揮されていたストライキや集団デモのこと――に似た精神を感じさせる。こうした運動が、かつてアメリカの社会主義者たちを感化し、最初の全米女性デーを発案させたのである。また、ドイツの社会主義者ルイーズ・ジーツ[11]とクララ・ツェトキン[12]にも影響を与え、国際女性労働者デー提唱への道を示したのである。

そうした闘争精神をよみがえらせることで、今日のフェミニスト・スト

10 アメリカでもっとも古く最大手のグリーティングカード会社。

11 Luise Zietz（1865–2992）ドイツの社会主義フェミニスト。女性ではじめてドイツ社会民主党執行部を担った。

12 Clara Zetkin（1857–1933）「女性解放運動の母」と呼ばれ、社会主義の立場から女性の解放運動を主導。ローザ・ルクセンブルクなどと急進的なマルクス主義集団、スパルタクス団を結成。

ライキは、自らのルーツが労働者の権利と社会的公正をめぐる過去の苦闘にあることを再認識する。海や山、大陸によって、また同様に国境や有刺鉄線、壁によって隔てられた女性たちを団結させ、彼（女）らはあのスローガン、「連帯はわたしたちの武器だ（Solidarity is our weapon）」に新しい意味合いを与える。内と外を分ける、数々の記号的な壁によって生まれる分断を打ち破り、それらストライキは「女性の力」が持つ膨大な政治的可能性を立証している。その力とは、世界を支える有償・無償の労働に従事する者たちの力のことである。

しかしそれだけではない。こうして芽吹いてきた運動は、ストライキの新しい手段を発明し、ストライキという形式そのものに新たな政治性を与えている。労働からの撤退に行進やデモ、中小企業の閉業、封鎖、そしてボイコットなどを組み合わせることで、こうした運動はストライキ行為のレパートリーを多様なものにしつつある。ストライキの手段にもかつては幅広い選択肢があったが、数十年にわたる新自由主義からの攻撃によってその幅は劇的に狭まっていった。同時に、この新たな波はストライキを民主化し、その対象範囲を大きく拡げていく——なかでも、何をもって「労働」とするかという、その根本的な考えそのものを押し拡げることによって。女性たちのストライキ運動は、有償労働のみに「労働」のカテゴリーを限定することなく、家事、性交渉、そして笑顔からも撤退する。資本主義社会における、ジェンダー化された無償労働が担う必要不可欠な役割を可視化することによって、資本主義が利益を得つつも対価を支払わないでいるそれらの行為に光を当てるのである。また有償労働についても、ストライキ活動家たちは、何を労働問題とするかということを広い視野で捉えてみせる。賃金と労働時間のみに心を砕くのではなく、彼（女）らはセクシュアル・ハラスメントや性的暴行、性と生殖をめぐる正義《リプロダクティブ・ジャスティス》[13]を阻む障壁、そしてストライキする権利を制限しようとする力にも目を向ける。

13　「性と生殖に関する健康と権利（リプロダクティブ・ヘルス／ライツ）」が守られること。子どもを産む権利・産まない権利をはじめ、性教育、避妊、中絶、性器切除、生殖医療など、性と生殖に関連する幅広い問題が含まれる。

結果として、この新たなフェミニズムの波は「アイデンティティ・ポリティクス（アイデンティティ政治）」と「クラス・ポリティクス（階級政治）」間のしぶとい対立、分断を生みやすい対立を打破する可能性を秘めている。なぜなら、「職場」と「私生活」が地続きであることを示し、課題をそれぞれの「場」に留めることを拒否するからだ。そして、何を「労働」と捉え、誰を「労働者」とするかということを再定義することによって、資本主義による女性の労働――有償・無償いずれにおいても――の構造的軽視に抵抗するからだ。結局のところ、女性たちのストライキをつうじたフェミニズムが見つめているのは、まだ前例のない、新たな階級闘争の様相なのだ。それは、フェミニスト的、国際主義的、環境保護主義的、そして反人種主義的な階級闘争である。

この介入は完璧なタイミングで行われた。ストライキに象徴される女性たちの闘志が噴出したのは、製造業の中心である、かつては強い力を持っていた労働組合が深刻なまでに弱体化したときだった。階級闘争を活性化させるため、活動家たちはまた別の土俵に目を向けた。それは医療、教育、年金、住宅に対して新自由主義が働いた暴挙である。彼女たちは、労働者階級・中産階級の生活水準を四〇年にわたって脅かしてきた、こうした資本の別の流れを標的に据え、人々と共同体を支えるのに必要な労働やサービスに目を向けてきた。現在私たちが闘争的なストライキや反撃の多くを見出すのは、まさにこの「社会的再生産」の領域なのである。アメリカの教師たちによるストライキの波からアイルランドにおける水道民営化との闘い、インドで清掃業に従事する不可触民《ダリット》[14]のストライキにいたるまで――そのすべてを女性たちが先導し、あるいは力づけていた――労働者たちは社会的再生産をめぐる資本の暴挙に抵抗している。公式に国際女性ストライキ（International Women's Strike）運動と連携していたわけではないにせよ、これらのストライキと女性たちの運動には多くの共通点がある。彼（女）

14　インドのカースト制度外に位置づけられる被差別民のことを指す。とくに下水など清掃業に従事する彼（女）らの衛生・健康状態はひどく、死者も続出するなど問題視されている。

らもまた、生活をつづけていくのに不可欠な仕事の賃上げを求めながら、その仕事による搾取に反対しているのだ。そして彼（女）らもまた、賃金の要求と職場での要求を、社会事業への公共支出増加の要求と結びつけているのだ。

さらにアルゼンチンやスペイン、イタリアなどの国では、女性たちのストライキをつうじたフェミニズムは緊縮財政[15]に反対する組織から広く支持を得てきた。女性や、ジェンダーによる規定に準じない人々だけでなく、男性も、学校や医療、住宅、交通機関、環境保護などへの補償の打ち切りに対する大規模なデモに参加した。このような「公共財」に対する資本の暴挙に加担しないことを通して、フェミニスト・ストライキは我々の共同体を守るための包括的な取り組みのきっかけとなり、その雛形を作ってくれた。

つまるところ、闘争的なフェミニスト運動の新たな波が実現しようとし

15　福祉・医療・教育などの社会支出の見直しを進め、政府の歳出削減をめざす財政のこと。新自由主義的な政策とされる。

ているのは、パンとバラの両方を求めるという不可能にも思える考えなのだ。それは、数十年にわたって新自由主義が我々のテーブルから奪っていったパンだけではなく、反逆の高揚感のなかで我々の精神性を育んでくれる美さえも求めることなのである。

2 リベラル・フェミニズムは崩壊した
——私たちは前に進まなければならない

主流メディアでは、フェミニズムという言葉自体がリベラル・フェミニズムを意味するのだとして同一視されつづけている。しかしリベラル・フェミニズムは、解決策を提示することはおろか、それ自体が問題の一部なのである。グローバル・ノースにおける経営者層に集中するそれは、「体制の一員になる（leaning-in）」ことと「ガラスの天井を打ち破る（cracking the glass ceiling)」ことを重要視する。特権を持つごく少数の女性たちが企業と軍隊の出世階段を上っていけるようになるという、そのことばかりに尽力した結果、リベラル・フェミニズムは市場中心の平等観を提唱することになった。その平等観は、現在世の中に蔓延する「多様性」に対する企業の熱意と完璧に符合する。「差別」を糾弾し、「選択の自由」を掲げているとはいえ、リベラル・フェミニズムは大多数の女性たちから自由とエンパワメントを奪う社会経済的なしがらみに取り組むことを頑として避けている。それがほんとうに求めているのは、平等ではなく能力主義《メリトクラシー》なのだ。社会における序列をなくすために働きかけるのではなく、序列を「多様化」し、「勇気を与えてくれるような《エンパワリング》」「才能ある」女性たちがトップへと駆け上がることを目指すのである。女性全体を単純に「過小評価されている」集団とみなすことによって、リベラル・フェミニズムの提唱者たちは少数の特権的な人々が同じ階級の男性たちと同等の地位や給料を確実に得られるようにしようとする。もちろんその恩恵を受けられるのは、すでに社会的、文化的、経済的に相当なアドバンテージを有する者たちである。その他の者はみな、地下室から出られないままなのだ。

ふくれあがっていく不平等とすっかり親和しながら、リベラル・フェミニズムは抑圧をアウトソースする。経営者層の女性たちはそれによってまさしく体制の一員となる（lean in）――薄給の移民女性にケアの提供と家事を外注し、彼女たちに寄りかかれる（lean on）ように自ら膳立てすることによって。リベラル・フェミニズムは階級や人種に対して無関心を貫き、我々の信念をエリート主義や個人主義につなげてしまう。またフェミニズムを「孤立無援」の運動に仕立てあげることで、私たちと多数を脅かす方策とを結びつけ、その方策に対抗する闘いから私たちを切り離してしまう。端的に言って、リベラル・フェミニズムはフェミニズムの名をおとしめたのだ。

リベラル・フェミニズムの精神は企業的思考に集約されるだけでなく、新自由主義の文化における「逸脱的」な流れにも表れているだろう。個人の上昇という概念とリベラル・フェミニズムの親和性は、ソーシャルメディアで名を挙げたセレブリティたちの世界にも同様に充満しており、そのことがまた、フェミニズムと女性個人の社会的上昇とを混同させる。そうした世界では、「フェミニズム」は流行りのハッシュタグやセルフ・プロモーションの手段となるリスクを負い、多数を解放するよりも少数を引き上げるために展開される。

概して言えば、リベラル・フェミニズムは新自由主義にとっての完璧なアリバイを提供したということになる。退行的な方策を解放のオーラで包み隠し、世界中の資本を支える勢力が自らを「進歩的」だとして演出することを可能にしたのだ。ヨーロッパにおけるイスラム嫌悪を擁護しながらアメリカの国際金融と提携するこのフェミニズムは、女性権力者の手中にある。「リーン・イン」を説く企業の指導者たち、構造調整[16]やグローバル・サウスにおけるマイクロクレジットを推し進める女性官僚《フェモクラット》、ウォール街でスピーチするごとに六桁の謝礼を巻き上げるパンツスーツ姿の「女性政治家」の手中に。

リーン・イン・フェミニズムに対する私たちの返答は、キック・バック・フェミニズムである。飛び散った破片の片づけを圧倒的多数の人々に押しつけてまで、ガラスの天井を打ち破ろうとすることに興味はない。役員室を占拠する女性ＣＥＯたちを賞賛することはおろか、私たちはＣＥＯと役員室自体を撤廃したいのである。

2　リベラル・フェミニズムは崩壊した

16　世界銀行やＩＭＦ（国際通貨基金）など、国際機関が主導して、対外債務返済が困難となった発展途上国に対して進められてきた新自由主義的な経済構造改革のこと。

3　私たちには反資本主義のフェミニズムが必要だ

――99％のためのフェミニズム

私たちの構想するフェミニズムは、かつてない規模の危機に応答しなければならないことを認識している。つまり、急落する生活水準や迫り来る生態学的災害[17]、荒れ狂う戦争や激化する財産の剝奪、有刺鉄線に堰き止められる集団移住、堂々たる人種主義と外国人嫌悪、そして苦闘の末やっと

17　人間の活動により環境が破壊され、その結果起こる災害のこと。自然災害とは区別する。

手にした社会的・政治的権利の無効化に応答するということである。

私たちはこうした難題に立ち向かっていきたい。その場しのぎの策を避け、転移性の蛮行に流れる資本主義の通奏底音に真っ向から向き合うことこそ、私たちの思い描くフェミニズムの目指すところだ。少数の自由を守るために大多数の幸福を犠牲にすることを拒み、私たちのフェミニズムは大多数の要求と権利を擁護する。ここで言う大多数とは、貧しい女性たちであり、労働者階級の女性たちであり、人種化[18]された女性たちであり、移民の女性たちであり、クィアやトランスジェンダーの女性たちであり、障害を持つ女性たちであり、資本に搾取されているにも関わらず、「中産階級《ミドルクラス》」の自負を抱くよう促されてきた女性たちである。しかしこれだけではない。このフェミニズムは、これまで定義されてきたような「女性の問題」のうちに留まることはない。搾取され、支配され、抑圧されてきたすべての人々のために立ち上がることで、人類全体の希望の息吹になろうとするも

18 「人種」という概念が自明のもの、本質的なものではないという前提のもとに、人間が恣意的にある「人種」にカテゴライズされることを指す。

のである。私たちが99％のためのフェミニズムと呼ぶのはそのためだ。

女性たちのストライキという新たな波に勇気づけられた99％のためのフェミニズムは、実践的経験の苦しみから生まれ出ていながら、理論的内省に支えられている。新自由主義がジェンダーの抑圧のかたちを新たに作りかえていくのを目の当たりにした私たちは、女性やジェンダーによる規定に準じない者たちが理論上持っている権利、またこれから勝ち取れる見込みのある権利を実現するには、まさにその権利を形骸化させている根底の社会構造を変えるしかないのだと考えている。たとえば中絶の合法化は、それ単独では貧しい女性たちや労働者階級の女性たちにとってほとんど何の益もなかった。彼女たちには費用を払うお金も、処置ができる病院を知る手立てもなかったからだ。ほんとうにリプロダクティブ・ジャスティスを実現しようとするならば、医療は誰に対しても無料かつ非営利なものでなければならない。それは医療の場において、人種主義、あるいは優生学的な慣例が廃止されなければならないのと同様にである。また貧困層や労働者階級の女性たちにとって、賃金の平等は、生活に必要なだけの賃金を惜しみなく払ってくれる仕事と、実際に行使可能な労働者の権利を持ち、家事や介護の新たなありかたが模索されないかぎり、みじめな平等にすぎない。ジェンダーに基づく暴力を犯罪にする法案も、刑事司法制度の構造的性差別や構造的人種主義に目をつむり、警察による暴力や大量投獄、国外追放の脅迫、軍事介入、そして職場でのハラスメントや嫌がらせを手つかずのまま放っておくかぎり、残酷な空約束でしかない。最後に、成人年齢の法的な定義も、公共サービスや公営住宅の供給、また女性が家庭や職場での暴力から逃れられることを保証する経済的支援を含まないかぎり、実質何の意味もないのである。

これらの、そしてさらなる方策のもと、99％のためのフェミニズムは徹底的な、広範囲に及ぶ社会変革を追い求めていく。端的に言えば、それゆえにこの運動は分離主義的ではありえないのである。私たちはむしろ、99％の人々のために闘うあらゆる運動と手を取り合うことを提案する。たとえば、環境的公正[19]、質の高い無償教育、手厚い公共サービス、低コストの住宅、労働者の権利、無料の国民皆保険《ユニバーサル・ヘルスケア》を求めて闘う者たちと。あるいは、人種主義のない世界、戦争のない世界を求めて闘う者たちとも。そうした運動と手を取り合うことをつうじてしか、我々を抑圧する制度や社会関係を解体する力と展望を得ることはできないのである。

99％のためのフェミニズムには、階級闘争、そして制度化された人種主義との闘いが含まれる。中心に据えるのは、あらゆる労働者階級の女性たちが抱く懸念の数々だ。ここで言う労働者階級の女性には、人種化された女性、移民の女性、白人女性を含む。シスジェンダー[20]の女性、トランスジェンダーの女性、ジェンダーによる規定に準じない者たちを含む。専業主婦の女性、セックス・ワーカーの女性を含む。時給、週給、月給、無給で

19　もともと環境的階級／人種差別を解消するために誕生した概念だが、現在では国籍・年齢・ジェンダー・セクシュアリティを理由とする環境的差別の解消も含んだ言葉となっている。

20　出生時に割り当てられた性と自分で認識する性（性自認）が一致している人を指す。トランスジェンダーはそれらが一致しない人を指す。

労働する女性を含む。失業中、あるいは雇用形態が安定しない女性を含む。若い女性、高齢の女性を含む。また、国際主義を貫き、帝国主義と戦争には断固として反対する。99%のためのフェミニズムは反新自由主義なだけでなく、反資本主義でもあるのである。

4 私たちは社会全体の危機のさなかを生きている
——そしてその根源は資本主義にある

主流派の論評家たちにとって、二〇〇七年から二〇〇八年は一九三〇年代以来最悪の金融危機の幕開けとして記憶されている。それもいまのところ間違いではないが、現在直面している危機をそのように捉えるのはあまりに偏狭な理解だろう。私たちはいま、**社会全体の**危機のさなかを生きているのである。この危機は金融界周辺に終始することなど決してなく、同時に経済の、生態系の、政治の、そして「ケア」の危機でもあるのだ。これは社会組織全体の全面的な危機であり、その根底には資本主義の危機がある――特に、今日私たちがすみかとしている、悪意に満ちた略奪的な資本主義形態が陥った危機が。その形態とは、グローバル化し、金融化された、新自由主義的な資本主義である。

資本主義はこうした危機を周期的に引き起こす。そして以下の理由から、それは偶然の出来事ではない。この支配的な体制は、賃金労働を搾取することによって長らえているだけでなく、自然、公共財、また人間や共同体を生み出す無賃労働にただ乗り《フリーライド》している。飽くなき利益の追求に突き動かされ、資本はそれらすべてを思いのまま利用しておきながら、その対価を支払うことは（支払わなければならない局面に追いやられないかぎり）ないのだ。まさにそうして自然を劣化させ、公権力を私物化し、無賃のケア労働を食い物にする筋立てによって、資本は周期的にそれ自体が——そして私たちが——存続するために依存している条件そのものを弱体化させている。危機は資本のＤＮＡに避けがたく組みこまれているのである。

今日資本主義が陥っている危機はとりわけ深刻なものだ。四〇年にわたって、新自由主義は賃金を引き下げ、労働者の権利を弱め、環境を破壊し、家族や共同体を持続させるために利用できるエネルギーを奪い取ってきた——その間ずっと、金融の触手を社会機構のすみずみにまで伸ばし広げながら。よって現在、世界中の人々が「**バスタ！**《もうたくさんだ！》」と叫んでいるのも無理はない。型にはまらない思考を持つ彼（女）らは、既存の政党を拒絶し、「自由市場競争」や「トリクルダウン理論」[21]、「労働市場の柔軟性」、「持続不可能な債務」に関する新自由主義的な常識を拒否している。その結果残ったものは、リーダーシップと組織があるべきところにぽっかりと口をあけた真空空間である——そして、しだいに募っていく、このままではいけない

21　富裕層が豊かになれば、貧困層も自動的に豊かになるという経済学の仮説。

という感覚。

99％のためのフェミニズムは、この裂け目に飛びこんでいった社会的勢力の一つだと言える。けれど、私たちがこの分野を牽引するわけではない。むしろ、多くの信用ならない役者たちと、一つの舞台を共有するのだ。最近になっていたるところで浮上してきた右派の運動は、「正しい」民族・国家・宗教に属する同胞の未来を向上させると約束するものである。その手段とは、「自由貿易」を終わらせることであり、移民を遮断することであり、女性や有色人種、ＬＧＢＴＱ＋[22]の人々の権利を制限することだ。その一方で「進歩的抵抗」の支配的な流れにおいても、同様に腐敗した計画が進められている。かつての状態を取り戻すことに尽力するなかで、国際金融の支持者たちはフェミニストや反人種主義者、環境保護主義者がリベラルな「後援者」たちと結束をかため、より野心的でより平等主義的な社会変革プロジェクトを断念することを望んでいる。99％のためのフェミニ

22　レズビアン、ゲイ、バイセクシャル、トランスジェンダー、さらに一九九〇年代以降クィア／クエスチョニングの頭文字をとって作られた用語。多様なセクシュアリティや性自認を持つ人々を内包する。「＋」は自身のセクシュアリティが不明確な人や、インターセックス、アセクシュアル（無性愛）、ノンバイナリーの人々を含むことを意味する。

ストたちは、その提案を却下する。反動的なポピュリズム[23]だけでなく、それに対抗する進歩派の新自由主義も拒否することで、私たちはこの危機と困窮の真の根源は資本主義にあるのだと認識し、それに真っ向から立ち向かっていく。

言いかえれば、私たちにとって危機とは単に苦難の時期であるだけではない——ましてや利潤の形成における行き詰まりというだけのことでもない。重要なことは、これは同時に政治的目覚めのときであり、社会変革の契機でもあるということだ。危機の時代において、批判的な大衆は時の権力者の支持を取り下げる。いつものごとく政治を拒絶しながら、彼（女）らは新しい考えや組織、そして結束を求めはじめるのである。このような状況における喫緊の問題は、誰が、誰のために、何を目指してその社会的変革のプロセスを導くのかということだ。

広範に及ぶ危機が社会の再組織化につながるという、こうした類のプロ

23　大衆迎合主義。一般的に、「エリート」を「大衆」と対立する集団と位置づけ、大衆の権利こそ尊重されるべきだとする政治思想を言う。こうした考えの政治家はポピュリストと呼ばれる。複数の集団による利害調整は排除し、社会の少数派の意見は尊重しない傾向が強い。しばしば批判的な文脈で使われる。

セスは、近代史のなかでも何度か起こった——そしてそのほとんどが、資本に利益をもたらすものだった。収益性を取り戻すため、プロセス推進派は資本主義を幾度となく作りかえてきた。それは、公的な経済だけでなく、政治や社会的再生産、そして人間以外の自然界との関係も再構成することをつうじてであった。そのようにして、階級的搾取はおろか、ジェンダー的抑圧、人種的抑圧のかたちもまた再構成されたが、それはしばしば、わずか1％の人々を圧倒的に優遇する計画に対する（フェミニストを含む）抵抗のエネルギーを食い物にしながら進められたのだった。

このプロセスはこれからもくりかえされるのだろうか？　歴史的に見て、こうした1％の人々は社会全体や大衆の利益にはつねに無関心だった。しかし今日、彼（女）らはこれまでになく危険な存在になっている。目先の利益を一心に追うあまり、彼（女）らは危機の深度を測れないでいるだけでなく、この危機が資本主義自体の存続を脅かす可能性を捉えることができていない。彼（女）ら自身の将来的な利益につながる生態学的条件を確保するよりも、まさにいま石油を採掘することのほうが、彼（女）らにとっては重要なことなのだ！

その結果、私たちが直面している危機が脅かすものは、文字通り、生命そのものである。それを解決に導こうとする苦闘のなかで、社会組織にまつわるもっとも基本的な疑問が浮かび上がってくる。経済と社会の境界線は、社会と自然界の境界線は、生産と再生産の境界線は、そして仕事と家庭の境界線は、どこに引けばいいのだろう？　我々が共同で生み出した社会的余剰を、どう使えばいいのだろう？　そしてこうした問題の決定権を持つのは、厳密には誰なのだろう？　利益を追求する者たちは、資本主義が生んだ社会的矛盾を、私有財産の蓄積のための新しい契機にしようとするだろうか？　ジェンダーの序列が再編されるとしても、フェミニストの反乱を自分たちの側に取り込もうとするのだろうか？　それとも資本に対する大衆の蜂起は、ついに「暴走列車に乗りこんだ人類が非常ブレーキをかけるような行為」になりうるのだろうか？　もしそうならば、フェミニストたちはその蜂起の最前線にいるのだろうか？

これらについて何か言えることがあるとすれば、最後の疑問に対する答えは**イエス**だ。

5 資本主義社会におけるジェンダー的抑圧は、社会的再生産が利益目的の生産に従属していることに根ざしている

——私たちはその順番を正しくひっくり返したい

多くの人々は、資本主義社会が本質的に階級社会であることを知っている。この階級社会は、ごくわずかな少数派が、賃金を得るために働かなければならない多数派を搾取することによって私的利益を得ることを認めて

いる。一方であまり理解されていないことは、資本主義社会は本質的に、ジェンダー的な抑圧の源泉でもあるということだ。決して偶然とは呼べないほど、セクシズムは階級社会の構造そのものにかたく編みこまれているのである。

たしかに、資本主義が女性の従属を生み出したわけではない。女性の従属は過去のすべての階級社会においてさまざまなかたちで存在していたのだ。しかし資本主義は、新たな制度的構造に支えられた、非常に「現代的」なセクシズムのかたちを打ち立てた。このセクシズムの特徴は、人間の形成（the making of people）と、利潤の形成（the making of profit）を分けることだ。また、前者を女性に委ね、それを後者の踏み台にすることだ。この一手をもって、資本主義は女性に対する抑圧のありかたを作りかえ、それと同時に全世界のありかたをひっくり返してしまったのである。

5　資本主義社会におけるジェンダー的抑圧は、社会的再生産が利益目的の生産に従属していることに根ざしている

人間を育む仕事が実際どれほど重要かつ複雑であるかを思い起こすとき、

資本主義がしたことの倒錯性がよくわかる。この仕事は生物学的な意味において生命を生み、また維持しているだけではなく、私たちの労働する能力——マルクスが呼ぶところの「労働力」だ——を生み出し、持続させているものでもある。それはつまり、人々に「正しい」態度や考え方、価値（能力・適性・技術）を身につけさせることを意味する。そう考えれば、人間を育む仕事が供給してくれるのは、人間社会全体のための、とりわけ資本主義的な生産のための、基礎となる物質的・社会的・文化的必須条件だと言える。この「仕事」なしには、生命や労働力が人間に宿ることはないだろう。

私たちは、この必要不可欠な、広範にわたる活動全体を社会的再生産と呼ぶ。

資本主義社会においては、社会的再生産の中枢的な重要性が隠蔽され、否認されている。人間を育む仕事はそれ自体の価値を認められていないばかりか、利潤を形成するための手段にすぎないとされているのだ。資本は、金銭がすべてを動かすとうたっていながら、社会的再生産には限界まで対価を支払おうとしない。そしてそれゆえに、社会的再生産労働をする人々を従属の位置に追いやっているのだ。この従属とは、資本所有者への従属というだけではない。それは、社会的再生産の責任を他者に押しつけることのできる、有利な立場に置かれた賃金労働者に対しての従属でもある。

ここでいう「他者」とは、大多数が女性である。なぜなら、資本主義社会では、社会的再生産の営みはジェンダーという基盤の上にあるからだ。つまり、その営みはジェンダーロールに依存し、ジェンダー的な抑圧を固定化させる。社会的再生産は、それゆえにフェミニストの問題である。しかし、階級、人種、セクシュアリティ、そして国家という分断線によって、この問題のいたるところに亀裂が生じている。現在起こっている危機全体の解決を目指すフェミニズムは、これらすべての支配軸を理解し、それら

5　資本主義社会におけるジェンダー的抑圧は、社会的再生産が利益目的の生産に従属していることに根ざしている

をつなぐ一つのレンズを通して社会的再生産を理解しなければならない。

資本主義社会は、再生産労働のなかにいつも人種的分断を組みこんできた。奴隷制度や植民地政策を介して、あるいはアパルトヘイトや新帝国主義[24]を介して、人種化された女性たちが、多数派の民族や白人の「姉妹」のためにそのような労働を無料で——もしくは非常に安い賃金で——提供するように強要してきた。彼女たちは自分の女主人や雇用主の子どもたちに、またその家庭につくすことを強いられていたので、自分自身の家や子どもの世話をすることはいっそう困難な苦闘となった。さらには歴史的に見て、資本主義社会は、女性の社会的再生産労働を性別二元論や異性愛規範の維持のために利用してきた。特に母親や教師、医師たちを用いて、子どもたちがシスジェンダーの少女やシスジェンダーの少年としての、また異性愛者としてのふるまいを学ぶよう促してきた。そして近代国家も、人間を育む仕事を国家的なプロジェクトや属国支配のための道具にしようとしてき

24　一五～一九世紀にかけてのヨーロッパ諸国による初期の植民地化と対比させて、一九～二〇世紀の（欧州に加えて）アメリカ合衆国、日本などによる植民地化を指す。

た。たとえば、「正しい」種類の人々には子どもを産むことを奨励し、「誤った」種類の人々には思いとどまるよう勧めた。そうやって教育、家族政策などをデザインし、単に「人」を生み出すのではなく、たとえば「ドイツ人」、「イタリア人」や「アメリカ人」など、必要とあれば国家のための犠牲になってくれる人間を生むように計画したのである。最後に、社会的再生産において、階級別の個性は極めて重要なものとされている。労働者階級の母親たちと学校は、子どもたちがまっとうな「労働者」としての人生を送れるよう、教育のなかでその準備をさせるように期待されてきた。つまり、従順で、上司には敬意を払い、「身の丈」をわきまえ、搾取に寛容な「労働者」を育てるということだ。この類の圧力が完璧に機能したことはなく、ときには見事に不発に終わることもあった。また、今日では薄れつつあるものもある。しかし、社会的再生産は支配構造と深く絡みあっている――そしてその支配構造に抵抗する闘いとも。

ひとたび資本主義社会における社会的再生産の重要性を理解すると、私たちは階級を普通の目で見ることはできなくなる。古めかしい理解とは異なり、資本主義社会における階級を構成するものには、直接的に「労働」を搾取する関係のみではなく、その労働を生み出し、補塡しようとする関係も含まれる。また、グローバルな労働者階級は、工場や炭鉱の日雇い労働者のみで成り立っているわけではない。彼（女）らと同様に労働者階級の中核を担うのは、農場や個人の家庭、オフィス、ホテル、レストラン、病院、保育園、そして学校などで働く人々である。また、国や地方自治体の公共部門、市民社会のなかで働く人々もそうで、そこには雇用不安定層《プレカリアート》、失業者、労働に対して何も支払われない人々が含まれる。ついストレートの白人男性を思い浮かべてしまうが、グローバルな労働者階級の大部分は、移民、人種化された人々、女性――シスジェンダーとトランスジェンダー両方の――、そしてそれぞれに異なる能力を持つ人々である。その全員のニーズや要望を、資本主義は否定し、また曲解しているのである。

　この見方《レンズ》は、階級闘争に対する我々の視野を広げてくれる。公正な契約や最低賃金といった職場における経済的収入だけに焦点を当てるのではなく、階級闘争は社会のいくつもの場面で起こるのだと教えてくれるからだ。しかもそれは労働組合や従業員組織をつうじてのみ起こるのではない。私たちにとって重要なこと、そして現状を理解する鍵となるのは、階級闘争が社会的再生産をめぐる闘争を含むということだ。それはたとえば、国民皆保険や教育の無償化、環境的公正、クリーン・エネルギーを利用する権利、住宅や公共交通機関などを求める闘争である。同様に、階級闘争の中心には女性解放のための闘い、また人種主義や外国人嫌悪、戦争、植民地主義などに反対する政治的闘争がある。

　このような対立は、これまでずっと資本主義社会の中心にあった。なぜなら資本主義社会は、再生産労働の価値を否定しながら、それに依存してきたからだ。しかし今日、社会的再生産をめぐる闘争は特に爆発的な勢いを持っている。新自由主義が社会福祉に対する国の支出を減らし、その代わり一家庭につき今よりも賃金労働時間を増やすように要求した結果、家族や共同体、（とりわけ）女性は限界まで圧迫されている。世界中で収奪が起こっている昨今の状況において、社会的再生産をめぐる闘争はますます注目を浴びるようになった。この闘争は、社会を抜本的に変革する可能性を持ったプロジェクトの最先端を形成しているのである。

6 ジェンダーに基づく暴力には多くのかたちがあり、そのすべては資本主義と複雑に絡みあっている
——私たちはそれらすべてと闘うことを誓う

研究者たちは次のように語っている。世界中で、女性三人につき一人以上が、人生のどこかでなんらかのかたちのジェンダー的暴力を経験している。加害者の多くは親密なパートナーであり、女性が殺害される事件のう

ち三八%にも及ぶ犯行が彼（女）らによるものである。その暴力は肉体的、感情的、性的、もしくはそのすべてを含んだものまで多岐にわたり、資本主義社会——すべての国、階級、人種・民族グループ——全体に見られる。偶然などではなく、ジェンダーに基づく暴力は資本主義社会の基本的構造に組みこまれているのである。

今日我々が経験しているジェンダー的暴力は、資本主義社会における家族や個人の生活に見られる矛盾に満ちた力学を反映している。そしてこの力学もやはり、人間の形成と利潤の形成、また家庭と「仕事」を分断するお得意のシステムのなかで築かれたものだ。鍵となる展開としては、親族を中心としたかつての拡大家族——そこでは、男性の年長者が自分の養っている者たちの生に関する権限を持っていた——から、資本主義的な近代の核家族へと変化したことがある。この閉鎖的な異性愛主義の核家族は、かつての大家族よりもずっと小さな家庭を率いる「小さな」男性に、減じられた支配権を与えた。この変化によって、親族間におけるジェンダー的暴力の性格は変貌した。かつて明らかに政治的であったものが、今では「私的」なものとなった。つまり、より日常的かつ「心理的」、より「非合理的」で制御されにくいものになったということである。しばしばアルコールや恥の感覚、優位性を保てるかどうかという不安に焚きつけられ、この種のジェンダー的暴力は、資本主義社会が生まれてから絶えることなくふるわれてきた。そのうえ、この暴力は危機的状況において特に猛毒性を持って広がっていく。ステータス不安、経済的不安、政治的不安がぼんやりと視界を覆いつくすようなとき、ジェンダーの既存秩序も不安定なものになりはじめる。男性のなかには、女性は「コントロール不能」であるとか、現代社会の新しい性的自由やジェンダーの流動性など「たがが外れている」と感じる人もいるかもしれない。妻や恋人は「生意気」で、家庭は「統制がとれず」、子どもたちは「奔放」だと感じるかもしれない。上司は冷淡で、同僚は何の理由もなく気に入られ、自分は仕事も失いそうになる。彼らの性的能力や、女性を誘惑する力が疑われている。男らしさが脅かされていると感じると、彼らは爆発する。

しかし資本主義社会におけるすべてのジェンダー的暴力がこのように明らかに「私的」で「非合理的」なかたちをとるわけではない。なかには、あまりに「合理的」すぎるものもある。支配のテクニックとして、ジェンダー化された暴行を一つの手段にしてしまう事例を見てみるといい。たとえば、奴隷化された女性、あるいは植民地化された土地の女性をレイプすることが、有色人種のコミュニティーを恐怖で満たし、従属させるための武器として用いられることがある。また、女性たちを「飼いならす」ために、ポン引きや人身売買業者たちはレイプをくりかえす。あるいは戦争の武器として、「敵」の女性を集団レイプする作戦もある。職場や学校、病院での性暴力やハラスメントも、しばしば道具として用いられる。こうした状況においては、加害者は上司や職場責任者、教師やコーチ、警察官や看守、医者や精神分析医、そして家主や軍隊の士官などである――彼らはみな、自分たちの獲物に対して公に認められた権力を持っている。彼らは性的奉仕を命ずることができる。ゆえにそうする者もいる。やはりこうした事態の根源には、女性の経済的、職業的、政治的、また人種的な脆弱性がある。給料や推薦状への依存、在留資格について一言も訊かずにいてくれる雇用主や現場責任者の良心に頼らざるをえない現状が、それを証明しているだろう。この暴力を可能にするのは、ジェンダーや人種や階級を融合させる階層的な権力構造だ。それがもたらすのは、まさにその構造の強化と常態化なのである。

　実際のところ、ジェンダー的暴力のこの二つのかたち――一つは私的なもの、もう一つは公的なもの――は、それほどかけ離れてはいない。たとえば十代や大学男子寮団体《フラタニティ》、体育会系に特有の男子カルチャーにおいてな

6　ジェンダーに基づく暴力には多くのかたちがあり、そのすべては資本主義と複雑に絡みあっている

ど、それらが混ざりあう場合もある。そこでは、少年たちは女性をいたぶることで序列を争い、大きな声で自慢話ができる権利を手に入れようとする。そのような文化のなかで、制度化された女性嫌悪《ミソジニー》を自然に身につけていくのだ。そのうえ、ジェンダーに基づく公的・私的な暴力には、たがいを強化しあう悪循環を作り出すものもある。資本主義はほとんどの再生産労働を女性に割り当てるため、女性たちは「生産的な仕事」に（対等な立場で）十全に参加できる能力を制限されている。その結果、ほとんどの女性たちは家族を養うこともできないような将来性のない仕事に就くしかなくなる。困ったことに、それは私たち女性の「私」生活に不利なかたちではね返ってくる。経済的に独立するのが難しいせいで、その不幸な関係に留まらなければならなくなるからだ。こうした状況から第一に利益を得るのは、もちろん資本である。しかしその結果、私たちは二重の暴力にさらされてしまう――それは第一に、家族や親密な間柄の人々からの暴力、第二に、資本を動かす者たち、またそれを可能にする者たちによる暴力である。

ジェンダー的暴力に対する従来のフェミニストたちの応答は、理解できるものではあるが、やはり不十分である。もっとも広く聞かれる応答は、犯罪化と処罰への要求だろう。この「投獄フェミニズム」はその名の通り、明らかに疑問視されるべきことを自明のこととして主張している。つまり、以下のような誤った前提に立っているのだ。それは、法律や警察、裁判所が、資本の権力構造から独立した自律性を保っており、ジェンダー的暴力を生む旧態の傾向に十分に対抗できるという前提である。実際のところ、刑事司法制度は異様なまでに、移民を含む貧しい労働者階級、かつ有色人種の男性を標的にする——その一方で、スーツを着て専門職に従事する白人男性には、レイプや殴打を自由にさせている。また、この刑事司法制度は女性に後始末を任せる。たとえば女性たちは一人で自宅を切り盛りし、投獄された息子や夫に会いに遠くまで一人で出かけていく。そして、収監

6　ジェンダーに基づく暴力には多くのかたちがあり、そのすべては資本主義と複雑に絡みあっている

に伴う法的手続や事務作業をこなすのだ。同様に、反人身売買運動や「性的奴隷」に反対する法律は、移民女性の追放のためにしばしば流用されている――その一方で、レイプ犯や犯罪で不当な利益を得る者たちは野放しのままなのである。また、刑罰のみを求めることは、性暴力のサバイバーにとって不幸な関係からの「脱出」という選択肢がどれだけ大きな意味を持っているかを見落としている。結婚した男女間のレイプや職場での暴行の刑罰化は、行き場のない女性、法的措置にたどりつく術を持たない女性には何の助けにもならない。そのような状況下で、階級や人種に関してすこしでも繊細さを持ち合わせているフェミニストなら誰一人、ジェンダー的暴力に対する投獄派の応答を支持することはできないだろう。

同様に、女性高官《フェモクラット》たちが差し出す「市場を基盤とする解決策」は不十分である。地球規模の金融機関が支える高い高い止まり木から、スカート姿の進歩的な新自由主義者たちは、不運な「南側」の姉妹たちを暴力から守ろうと提案した。その方法は、彼女たちが自分の事業を始められるだけの少額のお金を貸しつけることである。この少額融資が実際に家庭内暴力を減らしたとか、女性の自立を促したという話はせいぜいちらほらと耳にする程度だ。しかしながら、一つの効果は明らかだと言える。それは、少額融資によって、借りた女性が債権者に依存的になったということだ。貧困層と労働者階級の女性の首に負債という首輪をつけることによって、ジェンダー的暴力に対するこのアプローチは、それ固有の暴力を引き起こしてしまうのである。

　ジェンダーに基づく暴力に関して、99％のためのフェミニズムは投獄派と女性高官たちのアプローチのいずれをも拒否する。資本主義下のジェンダー的暴力は単なる秩序の乱れではなく、構造に組みこまれた条件なのだと私たちは知っている。社会秩序に深く錨を下ろしたこの暴力を理解し、是正しようとするなら、資本主義の暴力という、より大きな混乱と切り離

6　ジェンダーに基づく暴力には多くのかたちがあり、そのすべては資本主義と複雑に絡みあっている

してはならない。たとえば、リプロダクティブ・フリーダム[25]を否定する法律に見られる生政治的暴力、市場や銀行、家主、高利貸しによる経済的暴力、警察や裁判所、看守による国家的暴力、国境警備員や入国管理体制、帝国主義的軍隊による国を越えた暴力などがそうである。ほかには、我々の心を植民地化し、身体を歪め、声を抑圧する主流文化の象徴的暴力や、共同体と居住地を食い潰していく「スローな」環境的暴力などがある。

これらの力学は資本主義に特有のものだが、今日の危機のあいだにその勢いを急激に強めている。個人の「自己責任」の名の下に、新自由主義は社会整備のための予算を大幅に削減してきた。あるときは公共サービスを市場化し、そこから直接的利益を得られるようにした。またあるときは、公共サービスが提供していたものを個々の家族の仕事に戻し、彼（女）ら——特に各家庭の女性たち——にすべてのケア労働を負わせるようにした。その効果は、ジェンダーに基づく暴力をさらに誘発することだった。

25　妊娠・出産などを含む性・生殖に関して女性個人（当事者）に保障される自由。

アメリカ合衆国では、住宅ローン市場の崩壊によって有色人種の女性たちがより大きな打撃を受けた[26]。彼女たちは住居立ち退き命令をもっとも多く受けるグループとなり、ホームレスになるか、虐待的な関係に留まるかを選択するしかない状況に陥った。イギリスでは、時の権力者が公共サービスを次々と打ち切ること――何よりもまず、家庭内暴力のためのシェルターに対する補助金が打ち切られた――によって財政危機に対応した。カリブ海地域では、食料や燃料の価格高騰と同時に社会福祉に充てる予算が削減され、その結果ジェンダー的暴力が増加した[27]。これらの動きは、その変化を標準化するための教訓じみたプロパガンダの拡散を伴った。「よい」妻になれ、多くの子どもを持てといった訓戒がくりかえされると、そうした規範的なジェンダーロールやアイデンティティに当てはまらない人々への暴力が急速に正当化されるようになった。

さらには今日、反労働組合的な法案が、特定の経済部門における暴力を

26　二〇〇七年から二〇〇九年にかけてアメリカ合衆国でサブプライムローンが不良債権化し、家を追い出される人や失業する人が多数発生したリーマン・ショックの流れを指す。P.88の注も参照。

27　アメリカ合衆国におけるリーマン・ショックの流れを受けて景気が悪化。二〇〇九年には賃上げと物価引き下げを要求するゼネストがフランス海外県であるグアドループで始まり、ほかの島々にも波及した。

深刻化させている。その部門とは、女性労働者に大きく依存している部門である。輸出加工区（ＥＰＺ）[28]——たとえばメキシコの三千ものマキラドーラ地区——では、ジェンダーに基づく暴力が労働の規律の手段として用いられている。工場の上司や経営者たちが、連続的なレイプや言葉による虐待、恥辱的な身体検査を行うのである。これらは工場の生産性を高め、労働者同士の団結を阻むという名目の下に行われる。一度このＥＰＺにおいて確立されると、このような慣習がその社会全体——労働者階級の家庭も含む——で一般化されるのも時間の問題だろう。

つまり、資本主義社会において、ジェンダー的暴力は独立して存在しているわけではない。むしろその根幹は、ジェンダーという基盤の上に組織された労働のありかたや、資本蓄積の力学を、女性の従属と複雑に絡みあわせる社会秩序のなかにある。このようにして見てみると、#MeToo のムーヴメントが職場での暴力に対する抵抗として始まったのも驚くことでは

28　Export Processing Zone 製品を製造し、輸出するさいに税制優遇措置を設置している区域のこと。東南アジアや中南米に多い。

ない。また、芸能界の女性たちに連帯すると述べた最初の声明文が、カリフォルニアの農園で働く移民労働者によるものであったことにも驚きはしない。ハーヴェイ・ワインスタインが女性の天敵であるだけでなく、誰がハリウッドで働けるか否かを独断できる強大な上司であることを、彼女たちはただちに見抜いていたのである。

暴力は、そのすべてのかたちにおいて、資本主義社会の日常的機能にとって不可欠なものである。なぜならこのシステムは、容赦のない支配と強いられた合意の融合をつうじてのみ、最盛期の状態を維持できるからだ。ある一つのかたちの暴力は、ほかのかたちの暴力を止めることなしにはいつまでも止むことはない。それらすべてを根絶すると誓って、99%のためのフェミニストたちは、ジェンダー的暴力に対する闘いと、資本主義社会のすべてのかたちの暴力——そしてその暴力を支える社会システム——に抵抗する闘いをつないでいくことを目指している。

6　ジェンダーに基づく暴力には多くのかたちがあり、そのすべては資本主義と複雑に絡みあっている

7 資本主義はセクシュアリティを規制しようとする
——私たちはそれを解放したい

一見すると、今日の性をめぐる闘いはわかりやすい選択肢を提示しているように見える。一方には性に関して保守の立場をとる者たち、そしてもう一方には性に関してリベラルな立場をとる者たち。保守派の人々は、既存の家族観や神の法を揺るがすと信じられている性的実践を法的に禁止しようと努めている。永遠に古びないらしいそれらの原則を支持することに決めた彼（女）らは、「姦通者」に石を投げ、レズビアンを鞭で打ち、ゲイの人々に「転向療法」を受けさせたいと思うだろう。それと対照的に、リベラル派の人々は性的マイノリティーの法的権利を勝ち取ろうと闘っている。かつては禁じられていた関係性や、蔑視されてきたアイデンティティのありかたが国家によって承認されることを支持し、リベラル派は「婚姻の平等」と、ＬＧＢＴＱ＋が軍隊においていかなる階級にも就任できる権利に賛同する。前者が時代錯誤な復古主義――家父長制、同性愛嫌悪、性的抑圧――を復興しようとする一方で、後者は現代性――個人の自由、自己表現、性の多様性――を支持しているのだ。これ以上に簡単な選択があるだろうか？

しかし現実には、どちらの実態も見たままのものではない。たとえば、今日我々が見聞きするような性別二元論の権威主義は、復古主義とはかけ離れたものである。まるで神が定めた永久的な命令かのように、あるいは長年の慣習かのように提示されていても、成立させたがっている禁止の項目は事実「新伝統的」なものなのだ。つまりそれは資本主義の発展に対する反動であり、それ自体が反対しているものと同程度には現代的だと言える。同様に、リベラル派が約束する性にまつわる権利とは、資本主義的な現代性を前提に構想されたものである。ほんとうの解放を実現するどころか、それらは標準化を促す、国家主義的で、消費主義的な権利なのだ。

なぜこんなことになってしまったのかを明らかにするためには、この対立の系譜について考えなければならない。資本主義社会はつねにセクシュアリティを規制しようとしてきたが、そのための道具や手法は歴史のなかで変化してきた。初期の段階、つまりまだ資本主義的な関係が広く確立されていなかったころには、罪深い性と容認可能な性とを区別する規範の構築、そして施行は、既存の権威（特に教会や各共同体）に委ねられていた。のちに資本主義が社会全体を作りかえていくなかで、新たなブルジョア的規範が生み出され、国家が認めるジェンダーの二元化・異性愛規範を含む、あらゆる規制が設けられたのである。こうしたジェンダーやセクシュアリティをめぐる「現代的」規範は、資本主義の中心都市やブルジョア階級のあいだに留まることはなく、植民地制度や大衆文化などを介して広く拡散され、行政を司る抑圧的な国家権力によって幅広く施行された。その方法には、国家による供給を受ける権利が世帯ごとに割りふられることなども含まれている。これらに対する反発はたしかにあった。それどころか、こうした規範は従来の性をめぐる制度とも、性に関する自由を求める比較的新しい動き――それらは特に、都市、ゲイやレズビアンが中心のサブカルチャー、一部の前衛的な集団のなかで表出した――とも、いずれにせよ衝突するものだったのである。

その後の展開によって、このような構図は再編されていった。一九六〇年代の余波のなかでブルジョア的傾向は薄れていき、解放運動の流れが（その起源である）サブカルチャーを一色に染め、ついには主流となったのである。その結果、それら二つの支配的だった派閥は、新しい計画に向かってみるみるうちに結束していった。その計画とは、拡張された国の規制の範囲内で、かつては禁じられていた性のありかたを標準化することであった。またその標準化は、個人主義や家庭第一主義、消費主義を促すような、資本擁護派の装いをもってなされたのである。

この新しい構図の背後には、資本主義の性質が決定的に変化したことがある。ますます金融化され、グローバル化され、非家族化されて、資本はもはやシスジェンダー以外のジェンダーとクィアの層に断固として敵対しているわけではなくなった。数々の大企業も、唯一の規範的な家族のかたちや性のありかたをいまだに提唱しているわけではない。たくさんの大企業が、異性愛を基準とした家族観の外で生きている多くの従業員たちを進んで認めるようになった——それはつまり、彼（女）らが職場でもプライベート《ショッピングモール》でも他者と歩調を合わせるならばの話だが。商業市場においても、性的少数派は隙間市場を作り出し、話題をさらう広告イメージや商品ライン、ライフスタイルグッズやパッケージ化された娯楽の発信源となっている。資本主義社会では性が売れる。そして新自由主義は、それをさまざまな風味で商品化するのである。

　セクシュアリティをめぐる近年の苦闘は、若者のジェンダーがとてつもなく流動的になりつつあるこの時代において、あるいは芽吹きつつあるクィアやフェミニスト・ムーヴメントのさなかで、多くの注目を一身に集めている。昨今は非常に重要な法的勝利のときでもあり、そのなかには公に認められたジェンダーの平等、ＬＧＢＴＱ＋の権利、婚姻の平等などが含まれる（これらはすべて法制化されはじめており、そこに加わる国々の数は増加中である）。新自由主義と切り離すことのできない大きな社会的・文化的変化を反映しているとはいえ、こうした勝利は苦しい闘いをつうじて勝ち取られた成果だと言える。そうは言っても、この勝利は本質的に脆弱なものであり、つねに脅かされていることに変わりはない。たとえば、新しい法的権利はＬＧＢＴＱ＋の人々に対する攻撃を止めることはできなかった。彼（女）らはジェンダーに基づく暴力、性的暴力を受けつづけており、象徴的な誤認や社会的差別に苛まれつづけている。

実際のところ、金融化された資本主義は性をめぐる多くのバックラッシュに火をつけている。それを担うのは、「正当な所有者である男性」から女性との性的関係を「盗んだ」と考え、その報復として女性を殺害するような「インセル」[29]だけではない。冷酷非道な個人主義や醜い大量消費主義、そして「不道徳」から彼らの女性や家族を保護しようとする正真正銘の保守派だけでもない。そうした反動には、急速に広がるポピュリスト的な右派ムーヴメントも含まれている。それらは資本主義的な現代性のたしかな

29 自分が欲望するような女性を惹きつけることができないと考え、自らを「不本意の禁欲主義者」とみなす男性を指す。自分が恋愛をしたり、性的関係を持つことができないのは女性の責任であるとして、しばしば攻撃的な女性嫌悪を示す。アメリカやカナダでは殺人事件も勃発。

否定的側面——市場がもたらす破壊行為から家族や共同体を守れないこともそうだ——を指摘することで、大衆の支持を得るのだ。しかしながら、新伝統主義と右派のポピュリスト勢力のどちらも、このまっとうな憤りを歪んだ方法で用いてしまった。つまり、望んだものとは反対の性質を持ったもの、資本がうまく提供することができるようなものを、進んで支援するような結果になってしまったのである。それは「保護」の様相であり、性的自由に非難を集中させているあいだに、資本という危機の本質を見えなくさせてしまうのだ。

性をめぐる保守的な反動は、性に関してリベラルな立場の鏡像だと言っていい。リベラル派の方策は、たとえそれが最良のシナリオであったとしても、結局は圧倒的多数の人々から、新しい自由、公に認められた自由を実現するために必要な社会的・物理的条件を奪ってしまう。たとえば、トランスジェンダーの人々の権利を認めるとうたう政府が、そう言いながら性別適合手術の費用負担を拒んでいる事態について考えてみてほしい。また、性をめぐるリベラル派が結びついている政府中心の規制制度は、一夫一妻制の家族のありかたを強調し、標準化しており、ゲイやレズビアンは容認してもらう代償としてそれに従わねばならない。個人の自由を尊重するかのように見せかけながら、性のリベラル派は同性愛嫌悪《ホモフォビア》やトランスジェ《トランス》ンダー嫌悪《フォビア》を支える構造（社会的再生産における家族の役割もここに含まれる）を野放しにしているのである。

家族という領域を離れても、性的解放だと思われているものはしばしば資本主義の価値観を再利用している。セックスや出会い系サイトを基盤とする新しい異性愛文化は、若い女性たちに自らのセクシュアリティを「所有する」よう求めておきながら、男性から定義された自身の容姿によって自らを査定しつづけることも同時に要求する。「身体の自己所有権」を力説しながら、新自由主義の論理は男性の性的な身勝手さを典型的な資本主義のやり口で容認し、少女たちに少年たちを喜ばせるようプレッシャーをかけるのである。

同様に、「標準的ゲイ」の新たな出現は、資本主義的な標準化を前提としている。存在感を増している中産階級のゲイの人々は、その消費の様相や社会的地位の主張によって多くの国で特徴づけられている。こうした階層の人々が受け入れられていることは、貧しいクィアの人々、特に有色人種のクィアの人々が依然として周縁化され、抑圧されていることと同時に起こっている。それだけではなく、彼（女）らの受容は「流用《ピンク・ウォッシング》」されてもいる。権力を持つ者たちは、帝国主義的で新植民地主義的[30]な計画の正当性を示すために、「まっとうな考えをもった、まっとうな生活をしている」ゲイの人々の受容を挙げることがある。たとえば、イスラエル政府当局は自らの「ゲイに友好的な《ゲイ・フレンドリー》」文化の優越性を引き合いに出し、「後進的な同性愛嫌悪の」パレスチナ人を容赦なく征服することを正当化している。

30 第二次世界大戦後、植民地諸国の独立により領土的な支配は終わったが、経済的な依存・搾取はいまだに存在しているとする考え方。

同様にヨーロッパ諸国のリベラル派を自認する人々のなかには、ＬＧＢＴＱ＋の当事者に対する自らの「洗練された寛容さ」を引き合いに出してイスラム教徒に対する敵対心を正当化する者もいる。イスラム教徒以外の性の権威主義者たちを黙認していながら、イスラム教徒のことは問答無用で反動的だとみなすのである。

要するに、今日の解放運動はどうしようもない板挟みに陥っていると言える。一方は女性やＬＧＢＴＱ＋の人々を宗教や家父長制の支配下に置くことを願い、他方は我々を大皿に載せて資本の餌食にしてしまおうとするのだ。99％のためのフェミニストたちは、このゲームに参加しない。新自由主義の選別と、新伝統主義の同性愛嫌悪・女性嫌悪のいずれをも拒否し、私たちは一九六九年のニューヨーク、ストーンウォールの蜂起[31]に満ちていた急進的な精神をここによみがえらせたい。アレクサンドラ・コロンタイ[32]やゲイル・ルービン[33]から連なるフェミニズムにおける「セックス・ポジテ

31　ニューヨークのゲイバー「ストーンウォール・イン」が警察による踏みこみ捜査を受け、居合わせたＬＧＢＴＱ＋当事者たちが抵抗し、暴動化した事件。ＬＧＢＴＱ＋の権利獲得運動の転換点となった。

32　Alexandra Kollontai（1872–1952）ロシアの革命家。ソビエト政権に女性部をつくり、女性の地位向上に尽力した。

33　Gayle S. Rubin（1949–）アメリカの文化人類学者。ジェンダー／セクシュアリティ研究において幅広い主題を扱う。

ィブ」の流れや、一九八四年のイギリスの炭鉱作業員たちによるストライキを支えた、レズビアンやゲイによる歴史的な支援運動に満ちていた明確な精神を。私たちはセクシュアリティを生殖と規範的な家族観から、それだけでなくジェンダーや階級、人種による制限から、また国家主義や消費主義の歪みから解放するために闘う。しかし私たちは知っている。この夢を実現するためには、資本主義的ではない、新しい社会のかたちを築かなければならないということを。社会的再生産を惜しみなく支える公的支援をはじめとして、性を解放するための物質的基盤を保証し、もっと幅広い家族のかたち、個人の関係性のために再設計された社会を。

8

資本主義は人種主義的・植民地主義的な暴力から生まれた

――99％のためのフェミニズムは反人種主義かつ反帝国主義である

今日、以前の深刻な資本主義の危機でもそうだったように「人種」は喫緊の問題であり、真っ赤に腫れあがるようにして激しく争われている。攻撃的なまでに民族主義を掲げる右派ポピュリズムは、虐げられた多数派を擁護するとうたう扇動者《デマゴーグ》たちに刺激され、犬笛など使わず、張り裂けんばかりの大声で欧州人・白人至上主義を叫んでいる。臆病な中道政党政府は、そうしたあからさまに人種主義的な政府と手を組み、移民・難民の入国を拒否している。移民・難民の子どもたちを拘束し、家族を離散させ、彼（女）らを収容所に拘禁したり、彼（女）らが海で溺れるままに放置するのである。そのようなことが行われているあいだ、ブラジルやアメリカ、その他の国の警察は、刑罰に問われないまま有色人種を殺害しつづけている。法廷は、営利目的の監獄に記録的な数の有色の人々を収監し、その期間は幾度となく延長される。

このような事態の進展により、多くの人々のなかに憤りが生まれ、抵抗を試みる者も出てきた。ドイツ、ブラジル、アメリカなどの活動家は大挙して、警察の人種主義的な暴力や白人至上主義者のデモに抗議した。また、「廃止《アボリション》」という言葉に新しい意味を与えようと苦闘している人々もいる。

彼（女）らは大量投獄の終焉、ＩＣＥ[34]の撲滅を要求している。しかしながら、多くの反人種主義勢力は自分たちの介入をモラル面での批判に留めている。その他の勢力は、火遊びをしている――ヨーロッパの左派政党の数々が、右派を「取りこむ」ために進んで移民受け入れに反対している流れを見てみるといい。

この状況において、フェミニストたちはほかの人々と同様に、立場を表明しなければならない。しかしながら歴史的に見て、これまでフェミニストが人種に向き合ってきたやりかたは、せいぜいが矛盾をはらんだものである。たとえば影響力のある白人の婦人参政権論者たちは、南北戦争の後、明らかに人種主義的な暴論をまくしたてた――黒人男性が選挙権を得た一方で、彼女たちは得られなかった時代のことだ。同時期、さらには二〇世紀に入ってかなり経ってからも、有力なイギリスのフェミニストたちはインドにおける植民地支配を擁護した。その理由は、「褐色の肌を持った女

34 U.S. Immigration and Customs Enforcement アメリカ合衆国移民・関税執行局。移民制限実施で起訴されているアメリカ合衆国の政府機関。

性たちが低い地位から引き上げられるため」という、人種のコードに基づいた「文明的な」ものであった。今日でさえ、ヨーロッパの著名なフェミニストたちは同じような理由で反イスラム政策を正当化している。

人種主義とフェミニストの歴史的にもつれあった関係は、より巧妙なかたちをとることもあった。たとえあからさまに、あるいは意図的に人種主義者ではなかったとしても、リベラル・ラディカル双方のフェミニストたちは、「セクシズム」と「ジェンダーの問題」を間違ったかたちで普遍化することによって定義してきた。彼女たちが普遍的なものとして認めたのは、中産階級の白人女性たちが置かれた状況であった。人種（そして階級）からジェンダーだけを取り出し、家事労働から逃れて「外に仕事に行く」という「女性みんな」の要求を、最優先課題にしたのである――まるで私たちみんなが、郊外に住む専業主婦だとでもいうかのように！　同じ論理に従って、アメリカの有力な白人フェミニストたちは次のことを主張した。黒人の女性は、黒人男性と反人種主義の信条において結束することよりも、人種主義を乗り越えたシスターフッド、あるいは人種主義のないシスターフッドを優先してはじめて、本物のフェミニストになれる。何十年というあいだ、有色人種のフェミニストたちが断固としてこれに抵抗したおかげで、このような考えの正体がしだいに明らかになり、あらゆる肌の色をしたフェミニストたちからますます否定されるようになっていった。

99%のためのフェミニストたちはこの恥ずべき歴史をまっすぐに受けとめ、さらにはきっぱりと決別することを決意している。私たちは、「女性解放」の名を受けるにふさわしい活動が人種主義的・帝国主義的な社会では決して達成できないことを知っている。私たちはまた、問題の根幹は資本主義にあり、資本主義には人種主義と帝国主義が不可欠であることも理解している。「自由な労働」と「賃金契約」を誇るこの社会システムは、暴力的な入植者やアフリカにおける「商業的な黒人狩り」なしには稼動することはできなかった。彼（女）ら黒人を「新世界」の奴隷制へ強制的に狩りたて、先住民族が所有していたものを強奪することがなければ、稼働することはできなかった。しかし一度稼働してしまえば、資本主義は終わるどころか、隷属状態の人々や支援を必要としている人々を人種化し、彼（女）らの財産や権利を奪いつづけているのである。そうすることは、「自由な労働」を利益目的で搾取するための隠れた必要条件となっている。自由の身でありながら搾取されている「労働者」と、他人に依存しながら財産や権利を奪われている「その他の人々」の違いというものは、資本主義の歴史――奴隷制度、植民地主義、アパルトヘイト、国際分業――を通してさまざまなかたちをとってきたと考えられている。それは時によってはあいまいなものだったが、すべての段階で（どれだけ粗雑だったとしても）肌の色による世界的な人種間の線引きに符号していた。また今日にいたるまで、あらゆる段階の資本主義は人種化された人々の財産や権利を収奪する

8　資本主義は人種主義的・植民地主義的な暴力から生まれた

ことによって利益を増加させつづけてきた——好き勝手に利用した天然資源や人々の能力に対して、補塡や補償はしないままにである。その構造上の理由から、資本主義はいつも、人種化された人々の階級というものを作り出してきた。そこに属する人々の人格や仕事はその価値をおとしめられ、財産や権利の収奪を余儀なくされてきた。つまるところ、真に反人種主義・反帝国主義のフェミニズムはやはり、完全に反資本主義でなければならないのだ。

この考えは、特定の人種に対する収奪が激しくなっている現在において、かつてなく真実味を持ったものになっている。人々に債務を負わせることで財産の徴収を強化しながら、今日の新自由主義は世界中で人種的な抑圧を推し進めている。「植民地独立後《ポストコロニアル》」のグローバル・サウスにおいては、負債を原動力にする企業が多くの先住民族や先住部族をその居住地から追い出し、ときには自殺にまで追いこんできた。同時に、国債の「構造改革」

によってGDPに対する利子負担率が急増している。その結果、独立国とされている国々の社会的支出は減額を強いられており、「南側」で働く将来の世代は、彼らの労働がますます世界的な金融業者への返済に充てられていくのを黙認するしかなくなるだろう。このようにして、特定の人種の財産や権利の収奪はつづいていく。またその収奪は、グローバル・サウスに製造業の工場を次々と移していくことによって増大した搾取と密接に結びついているのである。

グローバル・ノースでもこの抑圧はたちまち広まり、低賃金かつ雇用の不安定なサービス業が、組合化した産業労働に取って代わっている。とくに人種化された労働者が多数を占める職種では、賃金は人並みの暮らしを営むのに必要な最低額を下回っている。このような労働者たちは複数の仕事を掛け持ちすることを余儀なくされ、生きていくために賃金の前借りをしなければならないだけではなく、高い利息を請求されるペイデイローン[35]

35 次の給料日（payday）に払われる給料を担保に、短期的に少額を貸しつける融資のこと。低所得者層が対象。

やサブプライムローン[36]の標的にもなっている。また、社会保障関係費も減少しており、かつては公的に行われていたサービスが家族や地域社会に押しつけられるようになった。つまりは、主にマイノリティと移民の女性たちに押しつけられているのである。同様に、これまで公的インフラに投資されていた税収入は、いまでは債務の返済に充てられている。このことは特に有色人種のコミュニティーに悲惨な影響を与えている。彼（女）らのコミュニティーは空間的にほかの地域と分離されているうえ、長年にわたってきれいな水や空気の供給、学校や病院、住宅や交通機関などに対する公的支出を奪われたままなのである。すべてのレベル、またすべての分野において、金融化された資本主義は特定の人種に対する新たな収奪の波を生み出しているのだ。

この地球規模のマルチ商法がもたらす影響も、やはりジェンダー化されている。今日、何百万人もの黒人と移民の女性たちが介護職や家事労働者

36　低所得者や信用度の低い個人を対象にした高金利の住宅ローン。二〇〇七年ごろに住宅価格の上昇が止まり、サブプライムローンが不良債権化したことがリーマン・ショックの引き金になったとされる。P. 65の注も参照。

として雇用されている。しばしば非合法移民であり、自分の家族から遠く離れた場所で就労するので、彼女たちは搾取と収奪の被害に同時に遭うことになる。つまり、不安定かつ低い賃金で働き、権利を奪われたうえ、あらゆる種類の暴力さえ受けてしまうのだ。彼女たちがグローバル・ケア・チェーン[37]による抑圧を受けるおかげで、より特権のある女性たちは（いくらかは）家事をしないで過酷な専門職に従事することが可能となった。何という皮肉だろうか？　この特権的な女性たちの一部は、女性の権利を主張しながら、黒人男性をレイプ犯として収監することや、移民やイスラム教徒の迫害を促す政治的キャンペーンを支持しているのである。また彼女たちは、黒人やイスラム教徒の女性に対して、現在住んでいる国の主流文化への同化を求めるキャンペーンも支持するのである！

37　より特権的な立場にある女性が比較的貧しい女性（移民労働者が多い）を雇って家事などを外注し、その貧しい女性は自らの家庭のためにより貧しい女性を雇うという、ケア家事労働の国際分業・越境的連鎖を指す。くわしくはP.140にも。

8　資本主義は人種主義的・植民地主義的な暴力から生まれた

人種主義、帝国主義、民族主義は事実、女性嫌悪を一般化し、すべての女性の身体を支配するための重要な支柱である。それらが機能することは我々全員に害を与えるので、私たちは手段をつくしてそれらと戦わなければならない。しかし、あいまいに地球規模のシスターフッドをうたうことは逆効果になりうるだろう。本来は政治的過程から生まれるべきものを、あたかも所与のものであるかのように扱うことは、誤った同質性の印象を与えかねないからだ。実際、資本主義社会において女性嫌悪的な抑圧は私たち全員が受けているが、そのかたちは実に多様である。よって、必ずしもはっきりと見えるかたちではなかったとしても、その多様な抑圧のあいだにあるつながりは政治的に明かされなければならない——つまり、連帯を生み出そうとする意識的な努力によって。もしも社会を変えたいとほんとうに願うならば、私たちは、私たちの多様性をつうじて、またそのなかで闘うことによってのみ、社会を変えるために必要な、複合的な力を獲得することができるのである。

9 資本による地球の破壊から脱するために闘う
――99%のためのフェミニズムはエコ社会主義である

今日の資本主義の危機は生態系の危機でもある。資本主義はつねに、天然資源を占有することで利益を増大しようとしてきた。天然資源がまるで無料かつ無尽蔵であるかのようにふるまい、しばしば公然とそれを盗んできたのである。資本主義はその構造上、何の補塡をすることもなく自然を当然のように利用しながら、自らの将来的な利益の成否を左右する、生態学的条件の安定性を周期的に揺るがしている――土壌を疲弊させ、鉱物資源を枯渇させること、あるいは、水源と大気を汚染することによって。

資本主義の歴史を鑑みれば、生態系の危機というものはこれまでも一度ならず訪れている。しかし、今日の危機がそのなかでもっとも世界規模のもの、かつ切迫したものであることはたしかだ。現在この惑星を脅かしている気候変動は、資本が長いあいだ（その特徴でもある）大量生産を行う工場の動力源を化石燃料に依存してきたことの直接的な結果だと言える。地球が何億年もかけて地殻下に蓄えてきた炭化埋蔵物を掘り出したのは、「人類」全般ではなく資本である。そして補填することも、汚染の影響や温室効果ガスの排出についても考えることなく、瞬く間にそれを消費してしまったのもやはり資本である。はじめは石炭から石油、その次は水圧破砕法《フラッキング》や天然ガスといった一連の推移は炭素排出量を増やしただけだったが、その傍らで貧しいコミュニティー、とりわけグローバル・ノースとグローバル・サウスにおける有色人種の人々のコミュニティーに、不釣り合いなまでの（負の）「外部性」を押しつけてきた。

今日の生態系の危機がもしも資本主義と直接的に結びついているなら、生態系の危機もまた、女性に対する抑圧の一端を担い、悪化させているはずである。女性たちは現在の生態系の危機の最前線に立たされており、気候変動避難民の八割を占める。グローバル・サウスにおいて、女性たちは社会的再生産の大部分を司る責任を負っていながら、地方労働力の圧倒的多数でもある。食料や衣服を供給し、家族のための住まいを整えるという重要な役割を担うゆえに、彼女たちは干ばつや汚染、土地の過剰開発などの問題に対処するという途方もない責任を果たすことになる。同様に、グローバル・ノースで暮らす貧しい有色人種の女性たちは、異様なほど脆弱な立場にある。環境型人種主義の被害者である彼女たちは、洪水や鉛中毒の危険にさらされたコミュニティーの主力を担っているのである。

女性はまた、来たる生態学的大災害との闘いの最前線にも立っている。数十年前、アメリカでは闘争的な左派団体Women Strike for Peaceが、ストロンチウム90を人体に蓄積させた核兵器に対する反対運動を扇動した。今日では、アメリカのダコタ・アクセス・パイプライン[38]に対するWater Protectorsによる抗議活動で指揮を執ったのもやはり女性たちである。ペルーでは、アメリカの巨大な金鉱会社ニューモントを相手取ってマキシマ・アクーニャが闘い、勝利したが[39]、それを力づけたのは女性たちである。北インドでは、ガルワール地方の女性たちが三基の発電用ダムの建設に抵抗して闘っている。世界中で、女性たちは水道や種子の民営化に抗う無数の闘い、また生物多様性の保護や持続可能な農業のためのさまざまな闘いを先導している。

これらすべての事例において、女性は新しい統合的な闘いの型を形成し

38　二〇一七年に操業を開始した、ノースダコタ州からイリノイ州の石油ターミナルまでをつなぐ石油パイプライン。スタンディングロック・スー族の居留地環境を破壊しているとして抗議運動が起こる。二〇二〇年に裁判所から操業停止命令が出された。

39　自作農であるマキシマ・アクーニャとその家族が住むペルー北部の土地は、不法占拠によるものだと金鉱会社ニューメントが裁判を起こした。警察からアクーニャ一家への脅迫や嫌がらせが問題化。

ている。それらの闘いは、主流派の環境保護主義者たちが「自然」の保護と人間社会における物質的幸福を対極にあるものとして配置しようとする傾向に対抗するものである。社会的再生産の問題と生態系の問題を分けず、同時に考えることで、女性たちが主導するこれらの運動は「エコ資本主義」に代わる反大企業・反資本主義の力強い代替策を示そうとしている。「エコ資本主義[40]」は温暖化を食い止めるのに何の効果も発揮せず、「排出許可証[41]」や「生態系サービス[42]」、「カーボンオフセット[43]」、「天候デリバティブ[44]」などをめぐって投機売買する者たちの私腹を肥やしただけだった。自然を定量的抽象概念におとしめられたこれら「グリーン・ファイナンス[45]」関連のプロジェクトとは違って、女性たちの闘いは現実世界を最重要視する。そこでは、社会的公正と人間社会における幸福、そして人間の手が及ばない自然界の持続可能性が不可分につながりあっているのである。

女性の解放と、生態学的災害から地球環境を守ることは深くつながって

40 資本主義の発展と環境問題の解決が両立可能だとする立場のこと。

41 二酸化炭素など環境に悪影響を及ぼす物質を排出する権利を売買できる制度。

42 気候の安定や水の供給など、日々の暮らしに必要不可欠な自然の機能(サービス)のこと。

43 排出された温室効果ガスを、植林・森林保護・排出許可証購入などによって直接的・間接的に埋め合わせること。

44 気候変動のリスクを補償する金融商品。農業やレジャー産業など、主に天候に左右される事業が顧客。

いる。また、それらは資本主義を打破することとも密接に連関しているのだ。

45　以上出てきたような、環境への負荷を資本によって相殺する金融のしくみ全体のこと。

10 資本主義は本物の民主主義や平和と両立しない
——私たちの答えはフェミニスト的な国際主義である

今日の危機は政治的でもある。かつて民主主義をうたった国々は、経済の行き詰まりによって麻痺し、国際金融によって足かせをはめられ、公益はおろか喫緊の課題にいつまでも取り組めないでいる。気候変動と財政改革については、解決への道をあからさまに閉ざすそぶりは見せないにせよ、ほとんどの国があきらめていると言っていい。企業の権威に跪き、負債に怯えて、政府はしだいに資本の侍女だとみなされるようになってきた。この資本の侍女は、中央銀行や国際投資家、巨大ＩＴ企業、エネルギー産業の有力者、戦争で法外な利益を得る者たちの声に合わせて踊っているのである。こうなってしまえば、世界中の多くの人々が、新自由主義を推し進めてきた（中道左派を含む）主流政党やその所属政治家たちに愛想をつかせたことにも納得できるのではないだろうか？

政治的危機は、資本主義社会の制度自体の構造に根を張っている。このシステムは「政治的なもの」と「経済的なもの」を分け、国家の「認可された暴力」と市場の「無言の強制」を区別している。その効果とは、社会生活の大部分を民主的な統制から切り離し、企業の直接的支配下に置くことである。まさにこの構造によって、資本主義は我々から決断する力を奪う。その力とは、どんな社会的関係を介し、どの動力源を使って、何をどれくらい生産するのかということを緻密かつ集団的に決断する力である。また、私たちが集団的に上げた社会的余剰をどのように使いたいか、私たちは自然と、また次世代の人々とどんな関係を持ちたいのか、そして社会的再生産の仕事をどのように体系化し、それと生産の仕事との関係をどのように構造化したいのか——こうしたことを判断する力も、資本主義は奪い去っていく。要するに、資本主義は本質的に反民主主義なのだ。

同時に、資本主義は必然的に帝国主義的な世界地図を生み出す。このシステムはグローバル・ノースの力ある国々に、弱い国々を餌食にする権利を与えるのである。たとえば、強国は弱小国に不利な貿易体制を作り、弱小国の価値をサイフォンのように吸い上げ、最終的には負債まみれにして潰してしまえる。また、武力干渉や「援助」の保留を用いて、弱小国を脅迫することもできる。このような条件によって、世界人口の大部分は政治的保護を奪われてしまう。当然のことながら、民主主義に飢え渇いているグローバル・サウスの何十億という人々には吸収するだけの価値もなくなる。彼（女）らは単純に無視されるか、暴力的に抑圧されるかのどちらかである。

いたるところで、資本はいいとこどりをしようとする。一方では、公権力にただ乗りし、私有財産を守る法体制や、反対勢力を鎮圧する抑圧装置を活用する。また、蓄財に必要なインフラや、危機管理に優れた規制機関をも自由に利用する。他方では、利益に飢え渇くあまり、資本家階級の一部の派閥は定期的に公権力に反目するようになる。資本家たちは公権力が市場よりも劣るとして批判し、その力を弱めようと画策する。このような短期的な利益が長期的生存を危ぶませるとき、資本はまるで自身の尻尾に食らいつく虎のような姿になる。自らの存続のために依存していたまさにその政治機関を、資本は脅かしてしまうのだ。

政治的危機を生み出す資本主義の傾向——最良の時期であってもその傾

向は消えない――は異様な高まりを見せている。現在の新自由主義体制は、軍事機器だけでなく負債という武器を堂々と使ってみせることで、敵対する可能性のある公権力・政治勢力のすべてを臆面もなく標的にしている。たとえば二〇一五年のギリシャにおいて、緊縮財政を拒否する選挙や国民投票を無効にしたように。また二〇一七年から二〇一八年にかけてのブラジルでも、緊縮経済を拒否する可能性のある国民を抑えこんだように。世界中で、資本主義の主な利益源（Big Fruit《果実産業》、Big Pharma《製薬産業》、Big Oil《石油産業》、Big Arms《軍需産業》）は独裁政治や抑圧、クーデターや帝国戦争を組織的に後押ししてきた。資本主義の熱烈な支持者たちの主張とはまったく食い違うが、この社会システムは構造的に民主主義とは相容れないものなのである。

資本主義の現在の政治的危機における最大の犠牲者は、やはり女性である。また、彼女たちは解放へ向かおうとする闘争の主演俳優たちでもある。しかし私たちにとっての解決策とは、権力の砦にもっと多くの女性を入れるというような単純なものではない。公の場から長きにわたって排除されてきた私たちは、あらゆる手段をつくして問題——たとえば性的暴行やハラスメント——に対して声を上げてこざるを得なかった。こうした声は、「個人的な問題」としてこれまでずっと無視されつづけてきた。けれど皮肉なことに、現在、我々の主張はしばしば「進歩派」のエリート層によって資本に都合のいいかたちで「代弁」されている。彼（女）らは私たちが女性政治家——どれだけうさんくさくても——に共鳴し、投票するよう手招きする。彼女たちが権威ある地位に昇りつめたことを讃えよ、と女性政治家たちは言う。それがまるで、私たちの自由へ向かう一歩だとでもいうように。しかし、他国の爆撃や、アパルトヘイト政権の維持といった汚れた仕事をする支配階級の女性たちを、フェミニストと呼ぶことはできない。また、自国の政府が集団虐殺を行ったという現実には目をつむったまま、人道主義の名の下に新植民地主義的介入を擁護する者たちを、フェミニストと呼ぶことはできない。構造調整や負債の賦課、緊縮財政の強制をもって無防備な人々から強奪する者たちを、フェミニストと呼ぶことはできない。

現実には、女性は植民地支配と世界中の戦争における最初の犠牲者である。彼女たちは構造化されたハラスメントや政治的レイプ、奴隷化の被害に遭う一方で、愛する者たちを殺害され、傷つけられ、そもそも自分自身や家族の生活を支えてきたインフラを破壊されることに耐えねばならない。私たちはこの女性たちと連帯して立つ――自分の仲間内においてのみ、性の、またジェンダーからの解放を要求する、スカートを履いた戦争屋たちの側ではなく。国の官僚と財務管理者に、褐色や黒色の肌を持つ女性たちの解放をうたいながら戦争の挑発を正当化する男女に、我々は言う。**私たちの名を騙《かた》るな。**

11　99％のためのフェミニズムはすべてのラディカルな運動に反資本主義の反乱を呼びかける

99％のためのフェミニストたちは、他の抵抗運動や反対運動から孤立して行動することはない。私たちは気候変動との闘い、また職場での搾取に対する闘いと自分たちを切り離すことはない。あるいは、制度的な人種主義と収奪を素知らぬ顔で眺めたりはしない。それらの闘争は私たちの闘争

新刊一覧

セクシュアリティの性売買
キャスリン・バリー 著
井上太一 訳

搾取と暴力にまみれた性売買の実態を国際規模の調査で明らかにし、その背後にあるメカニズムを父権的権力の問題として理論的に抉り出した、ラディカル・フェミニズムの名著。

¥5500

人種の母胎
性と植民地問題からみるフランスにおけるナシオンの系譜
エルザ・ドルラン 著
ファヨル入江容子 訳

性的差異の概念化が、いかにして植民地における人種化の理論的な鋳型となり、支配を継続させる根本原理へと変貌をしたのか、その歴史を鋭く抉り出す。

¥5500

戦後期渡米芸能人のメディア史
ナンシー梅木とその時代
大場吾郎 著

日本とアメリカにおいて音楽、映画、舞台、テレビなど活躍し、日本人女優で初のアカデミー受賞者となったナンシー梅木の知られざる生涯を初めて丹念に描き出す労作。

¥5280

翻訳とパラテクスト
ユングマン、アイスネル、クンデラ
阿部賢一 著

文化資本が異なる言語間の翻訳をめぐる葛藤とは？　ボヘミアにおける文芸翻訳の様相を翻訳研究の観点から明らかにする。

¥4950

マリア＝テレジア　上・下
「国母」の素顔
B・シュトルベルク＝リーリンガー 著　山下泰生／伊藤惟／根本峻瑠 訳

「ハプスブルクの女帝」として、フェミニズム研究の範疇からも除外されていたマリア＝テレジア、その知られざる実像を解き明かす、第一人者による圧巻の評伝。

各¥8250

戦後期渡米芸能人のメディア史
ナンシー梅木とその時代
大場吾郎 著

日本とアメリカにおいて音楽、映画、舞台、テレビなど活躍し、日本人女優で初のアカデミー受賞者となったナンシー梅木の知られざる生涯を初めて丹念に描き出す労作。

¥5280

読書装置と知のメディア史
近代の書物をめぐる実践
新藤雄介 著

書物をめぐる様々な行為と、これまで周縁化されてきた読書装置との関係を分析し、書物と人々の歴史に新たな視座を与える力作。

¥4950

ゾンビの美学
植民地主義・ジェンダー・ポストヒューマン
福田安佐子 著

ゾンビの歴史を通覧し、おもに植民地主義、ジェンダー、ポストヒューマニズムの視点から重要作に映るものを仔細に分析する力作。

¥4950

新刊一覧

イスラーム・デジタル人文学

須永恵美子 編著
熊倉和歌子 編著

デジタル化により、新たな局面を迎えるイスラーム社会。イスラーム研究をデジタル人文学で捉え直す、気鋭研究者らによる最新の成果。

¥3520

ディスレクシア

マーガレット・J・スノウリング 著
関あゆみ 監訳
屋代通子 訳

ディスレクシア(発達性読み書き障害)に関わる生物学的、認知的、環境的要因とは何か? ディスレクシアを正しく理解し、改善するための効果的な支援への出発点を示す。

¥2860

シェリング以後の自然哲学

イアン・ハミルトン・グラント 著
浅沼光樹 訳

シェリングを現代哲学の最前線に呼び込み、時に大胆に時に繊細に対決させ、革新的な読解へと導く。カント主義批判により思弁的実在論の始原ともなった重要作。

¥6600

一つの惑星、多数の世界

ドイツ観念論についての試論

ディペシュ・チャクラバルティ 著
篠原雅武 訳

人文科学研究の立場から人新世の議論を牽引する著者が、ラトゥール、ハラウェイ、デ・カストロなどとの対話的関係のなかで示す、新たな思想の結晶。

¥2970

近代日本の身体統制

宝塚歌劇・東宝レヴュー・ヌード

垣沼絢子 著

戦前から戦後にかけて西洋近代社会、民主主義国家の象徴とみなされた宝塚・東宝レヴューを概観し、西洋近代化する日本社会の身体感覚の変貌に迫る。

¥4950

福澤諭吉

幻の国・日本の創生

池田浩士 著

福澤諭吉の思想と実践——それは、社会と人間をどこへ導いたか? 福澤諭吉のじかの言葉に向き合うことで、その思想と実践をあらたに問い直し、功罪を問う。

¥5060

反ユダヤ主義と「過去の克服」

戦後ドイツ国民はユダヤ人とどう向き合ったのか

高橋秀寿 著

反ユダヤ主義とホロコーストの歴史的変遷を辿りながら、戦後、ドイツ人が「ユダヤ人」の存在を通してどのように「国民」を形成したのかを叙述する画期作。

¥4950

宇宙の途上で出会う

量子物理学からみる物質と意味のもつれ

カレン・バラッド 著
水田博子/南菜緒子/南晃 訳

哲学、科学論にとどまらず社会理論にも重要な示唆をもたらす21世紀の思想にその名を刻むニュー・マテリアリズムの金字塔的大著。

¥9900

今回のイチオシ本

思想としてのミュージアム

増補新装版

博物館や美術館は、社会に対してメッセージを発信し、同時に社会から読み解かれる、動的なメディアである。日本における新しいミュゼオロジーの展開を告げた画期作。旧版から十年、植民地主義の批判にさらされる現代のミュージアムについて、論じる新章を追加。

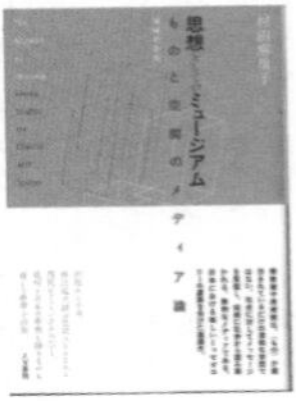

村田麻里子著
¥4180

復刊 呪われたナターシャ

現代ロシアにおける呪術の民族誌

三代にわたる「呪い」に苦しむナターシャというひとりの女性の語りを出発点とし、呪術など信じていなかった人びと―研究者をふくむ―が呪術を信じるようになるプロセス、およびそれに関わる社会的背景を描いた話題作、待望の復刊！

藤原潤子 著
¥3300

超越論的存在論

ドイツ観念論についての試論

存在者へとアクセスする存在論的条件の探究。「世界は存在しない」「複数の意味の場」など、その後に展開されるテーマをはらみ、ハイデガーの仔細な読解も目を引く、哲学者マルクス・ガブリエルの本格的出発点。

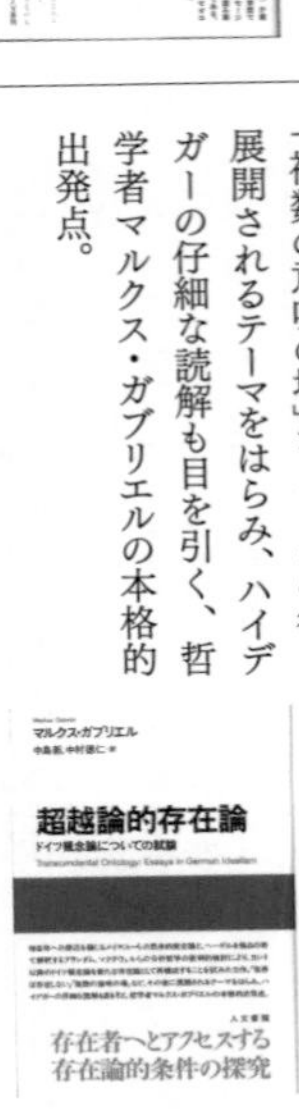

マルクス・ガブリエル著
中島新／中村徳仁訳
¥4950

はじまりのテレビ

戦後マスメディアの創造と知

1950～60年代、放送草創期のテレビは無限の可能性に満ちた映像表現の実験場だった。番組、産業、制度、放送学などあらゆる側面から、初期テレビが生んだ創造と知を、膨大な資料をもとに検証する。気鋭のメディア研究者が挑んだ意欲的大作。

松山秀明 著
¥5500

であり、資本主義を解体する闘いの要である。こうした闘争なしには、ジェンダー的抑圧や性的抑圧は終わらない。よって、結論は明らかである。99%のためのフェミニズムは、地球上のあらゆる反資本主義の運動と力を合わせなければならない。つまり私たちは、環境活動家、反人種主義者、反帝国主義者、そしてLGBTQ+の運動や労働組合と協力しあうのである。そして何よりも、私たちはそうした運動における左派の反資本主義の流れと連携する必要がある。それらもまた、99%の人々を運動の主体に置いているからだ。

　この道は、資本が現在提示している二つの主要な選択肢の両方に対し、私たちを真っ向から対抗させる。私たちは反動的なポピュリズムだけでなく、進歩派をうたう新自由主義も拒否する。実際のところ、その二つの協力体制を引き裂くことによって、私たちは自らの運動を打ち立てていこうとしているのだ。進歩派の新自由主義に関して言えば、私たちは労働者階級の女性たち、移民、有色人種の人々を、以下に挙げるグループから遠ざけたいと思っている。それはリーン・イン・フェミニストや能力主義の反人種主義者、能力主義の反同性愛嫌悪主義者たちである。また、彼（女）らの懸念事をハイジャックし、資本を擁護する流れに無理やり押しこめてしまう、多様性推進企業やエコ資本主義の一派である。反動的ポピュリズムに関して言えば、私たちは労働者階級のコミュニティーを、次に挙げるグループから切り離したいと考えている。それは軍国主義者、外国人嫌悪主義者、そして民族主義者たちである。これらの者たちはひそかに悪どい金権政治を推し進めながら、自らを「普通の人々」の代弁者だとうそぶいている。こうした資本主義支持のいずれの派閥からも、わずかでも労働者階級の人々をこちらに引き入れることが、私たちの目指すところだ。このようにして、私たちは社会を変えるのに十分な大きさと力を持つ、反資本主義の勢力を築きあげたい。

闘争とは一種の契機であり、学び舎である。これまで自分だと思っていたものに疑問を投げかけ、社会に対するまなざしを再構成していくなかで、闘争に参加する者たちは自らを作りかえていくことができる。闘争は、私たち自身が受けている抑圧についての理解を深めさせてくれる――何が原因で、誰がそこから利益を得て、それを打破するためには何をなすべきなのかを、私たちは知ることができる。さらに、闘争は、私たちが何に関心を寄せているのかを再認識させてくれる。何を望んでいるのかを捉え直し、何が可能なのかという感覚を押し広げることができる。そして最後に、闘いの経験というものは、誰が自分の味方で、誰が敵なのかということを、今一度私たちに考えさせる。抑圧される者たちの連帯の輪を拡げ、抑圧者に対する敵対心を研ぎ澄ますことができるのである。

ここでの重要な言葉は、「できる（can）」だ。すべては私たちの、これからの方針を考え出す力にかかっている。その方針は、たがいの違いを単に称えるものでも、無理やり無化してしまうものでもない。「多様性」という流行りのイデオロギーとは違って、私たちが受けているさまざまな抑圧は、偶然に乱立したような複数性を持っているわけではない。それぞれに独自のかたちと特徴があることには違いないが、それらはすべて、同じたった一つの社会構造に起因し、またその構造によって強化されているのだ。その構造を資本主義と名づけ、結束して闘いを挑むことこそが、資本が育んできた私たちのあいだの分断——文化、人種、民族、能力、セクシュアリティ、そしてジェンダーによる分断——を乗り越えるもっともよい方法なのである。

しかし私たちは、資本主義を正しい方法で理解しなければならない。古めかしく偏狭な理解とは異なり、産業における賃金労働が労働者階級のすべてではない。賃金労働の搾取が、資本主義支配のもっとも忌むべき暴挙というわけでもない。それを最優先すべき課題であると断言することは、階級間の連帯を育むどころか弱めてしまうだろう。現実に、階級間の連帯がもっとも育まれやすいのは、私たちの違いの有意性を認識するときである。その違いとは、構造的に異なる状況や、経験や、苦しみであり、それぞれに特有の必要や、欲望や、要求であり、それらをもっともよく実現するために用いられるべき組織形態の違いである。このようにして、99％のためのフェミニズムは「アイデンティティ・ポリティクス」と「クラス・ポリティクス」の対立という、聞き古された構図を乗り越えようとしていくものである。

資本主義が私たちに手渡してきたゼロサム構造をはねのけ、99％のためのフェミニズムは、既存の、そして未来のあらゆる運動を一つにし、より広い支持基盤を持った世界的な反体制運動に統合させていく。フェミニスト的であると同時に反人種主義的、反資本主義的なヴィジョンで武装し、私たちは私たち自身の未来を創っていく主たる役割を担うことをここに誓う。

あとがき

途上からの出発

フェミニスト的なマニフェストを書くというのは、身のすくむような仕事である。今日それに挑戦する人は誰でも、マルクスとエンゲルスが残した知見の上に——そしてその影に——立たなければならない。彼らが一八四八年に出版した『共産党宣言』は、印象深い一文から始まる。それは、「ヨーロッパに幽霊が出る」だ。この「幽霊」とはもちろん共産主義のことであり、発展していくであろう労働者階級の闘いの頂点として描かれた革命的プロジェクトを指す。結束し、国際的な動きへと広がり、世界史的勢力に変容して、共産主義は、最終的には資本主義を滅ぼすのだと考えられていた。さらには、すべての搾取を、支配を、疎外を。

私たちはこの前例から大いに刺激を受けた。とりわけ、現代社会における抑圧の究極的な基盤は資本主義である、ということが正しく認識されていたからだ。しかしそれは私たちの仕事を複雑なものにもした。『共産党宣言』は文学として傑作であるだけでなく――それゆえに追随することが難しいだけでなく――二〇一八年は一八四八年とは違うからだ。たしかに、私たちも社会的・政治的激変のなかを生きている。そしてその激変を、資本主義の危機として理解している。しかし今日の世界は、マルクスやエンゲルスが生きていた時代よりもずっとグローバル化されており、この世界を横断する大変動は決してヨーロッパに留まりはしない。同様に、現代の私たちも階級同士の対立に加え、国や人種・民族、宗教をめぐる争いに対峙しているが、私たちの世界は彼らが知ることのなかった政治的分断線を内包している。それは、セクシュアリティ、障害、生態系である。また、ジェンダーをめぐる闘争は、マルクスやエンゲルスが想像だにしなかった広がりと激しさを持っている。かつて以上に亀裂が入り、不均一な政治的状況を前に、世界的に結束した革命の勢力を思い描くことは容易ではない。

さらに、後につづく者として、私たちは解放をうたう運動が誤った方向へ向かってしまう例をたくさん知っている。そこには、マルクスやエンゲルスが気づけなかったことが多く含まれているだろう。我々が受け継いだ歴史的記憶のなかには、ボリシェビキ革命が専制主義のスターリン政権へと暗転していったことも含まれている。ヨーロッパの社会民主主義が国粋主義と戦争に屈服した歴史や、グローバル・サウス全体における反植民地主義の闘争のあとに大量の独裁政権が生まれた歴史も。私たちにとって特に重要な意味を持つのは、この現代において復活した解放運動が新自由主義を育む勢力にアリバイを提供していること、またその仲間となっていることだ。昨今のこうした経験は、左派のフェミニストたちをやりきれない思いにさせた。私たちは、運動の主流派となるリベラルな潮流が、我々の理念をごく少数が上昇するための能力主義へと矮小化してしまう過程を見たのだ。

この歴史こそ、私たちがマルクスやエンゲルスとは異なる展望を抱く理由なのである。彼らが生きていたのは資本主義が比較的若い時代だったが、私たちは年を重ねた、したたかなシステムに対峙しているのであり、現在の資本主義は懐柔や強制においてははるかに熟達している。また、今日の政治の地平にはたくさんの罠が仕掛けられている。この「マニフェスト」で説明したように、フェミニストにとってもっとも危険な罠は、現在の政治における選択肢が二つしかないと思いこむことだ。その一つは、新自由主義の「進歩的」な一形態であり、エリート主義かつ企業版のフェミニズムを普及させ、貪欲な少数独裁の企てを解放の虚構で覆い隠している。もう一つは、新自由主義の保守的な一形態で、前者と同様の金権政治をほかのやりかたで求めようとする――女性嫌悪や人種主義の言葉を並べて、「大衆」からの信任を得るのである。明らかに、これら二つの勢力は同一のものではない。しかしこの両方が、真に解放的な大多数のためのフェミニズムにとって最大の敵なのである。加えて、これらはたがいに補助しあう関係にある。進歩派の新自由主義は保守反動派のポピュリズムが勢いに乗るための基盤を作り、いまでは頼りになるもう一つの選択肢として、自らの立場を築きつつあるのだ。

私たちの「マニフェスト」は、この争いにおいてどちらの側にもつかないことをまず示している。資本主義の危機に対峙するにあたって、戦略の選択肢をたった二つに限定しようとするメニューを私たちは受け取らない。

そうではなく、私たちはその両方に対する代替案を推し進めるためにこれを書いた。現在の危機に対処するだけでなく「解決」することに心を砕き、解放に向かうための別の潜在的な可能性を可視化し、実行可能なものとして提示しようとしたのだ。その可能性は、連携する二つの勢力が覆い隠しているものである。私たちはリベラル・フェミニズムと金融資本の癒着を断ち切ることを決意し、別のフェミニズムを提唱した。それが、99％のためのフェミニズムである。

このプロジェクトに着手したのは、二〇一七年のアメリカ合衆国の女性たちが起こしたストライキ運動において共に協力しあったあとのことだった。それより前から、私たちはそれぞれが資本主義とジェンダー的な抑圧の関係について書きつづけていた。シンジア・アルッザはフェミニズムと社会主義の緊迫した関係について、歴史的にも理論的にも検証しながら説明してきた。ティティ・バタチャーリャは社会的再生産が階級や階級闘争といった概念に対して持つ意味を理論化してきた。ナンシー・フレイザーは資本主義とその危機——社会的再生産の危機もその一翼を担っている——をより大きな観点で捉え直してきた。

こうして着眼点がそれぞれ異なっているにも関わらず、私たちが協力してこの「マニフェスト」を書きあげたのは、現在の難局について共通の理解を持っていたからだ。我々三人全員が、現在のこの瞬間をフェミニズムと資本主義の歴史において非常に重要な岐路であると認識している。その岐路は介入されることを求めており、その契機を与えてくれている。このような文脈のなかで、私たちがフェミニスト的なマニフェストを書こうと決めたのは、ある政治的な目的を持ってのことだった。それは、この現状に助け舟を出し、進路の修正を行うことだ——この政治的混乱の時代において、フェミニスト的闘争が向かうべき方角を指し示すことだ。

資本主義とその危機を捉え直す

この「マニフェスト」が向き合っている難局は、危機として理解されるべきだろう。しかしその言葉は、ただ物事がうまくいっていないとか、そんな大雑把かつわかりやすい意味で用いられているのではない。現在の災難と苦しみは恐るべきものだが、私たちに「危機」という言葉を使わせるのはもっと恐ろしい事実だ。それは、今日私たちが遭遇する数えきれないほどの災難がたがいに関連しているという事実であり、それが偶然などではないということである。私たちが被る災難は、それらすべてを貫く一つの社会構造に起因している。その社会構造は、それ自体の構造的力学によって、偶然ではなく必然的に災難を生み出している。

私たちの「マニフェスト」はこの社会構造を資本主義と名づけ、現在の危機を資本主義の危機として特徴づける。しかし私たちはこれらの言葉を一般的な意味で理解しているのではない。フェミニストとして、私たちは資本主義が単なる経済活動のシステムではなく、もっと大きいものであると認識している。資本主義は、公的な経済を支えている明らかに「非経済的」な関係性や慣習を包みこむ、一種の制度化された社会秩序だと言える。資本主義が公にしている制度——賃金労働、生産、交換、融資——の影に、それらが持続するためになくてはならない条件や支えがある。それは家族や共同体、自然、領域国家、政治的組織、市民社会であり、なによりもすさまじい量、さまざまなかたちでの無償労働や搾取された労働である。そこには社会的再生産を司る仕事も多く含まれており、いまだにその大部分を女性が担っている。報酬がないこともしばしばである。これらもまた、資本主義の構造的要素だと言える——さらには、そこで生まれる闘争のための土俵でもあるだろう。

資本主義をこのように広い視野で捉えることは、私たちの「マニフェスト」が提示する、資本主義の危機の大局的な見方につながっている。断続的な市場の暴落や倒産の連鎖、大量失業といった事態を引き起こす資本主義特有の性質を否定はしないが、私たちは資本主義がまた別の性質をはらんでいることも認識している。それは「非経済的」な側面における数々の矛盾であり、危機を引き起こしやすい傾向だと言える。たとえば、生態学的矛盾がある。すなわち、自然を単にエネルギーや原料を垂れ流す「蛇口」のようなものとして、あるいは廃棄物を吸収してくれる「シンク」のようなものとして矮小化してしまう――そんな自然のどちらの能力も、資本は補塡しないまま自由に利用している――資本主義の特質のことだ。その結果、資本主義社会は、その構造上どうしても共同体を維持するための居住地を不安定な状態に追いやり、生命を維持するための生態系を破壊する傾向を持つのである。

同様に、この社会形態は政治的矛盾をはらんでいる。それはつまり、政治の適用範囲を制限し、生死に関わる根本的な問題を「市場」の支配下に委ねてしまう特質である。同時に資本主義は、国民に仕えるべき国家機関を資本の従士に変えてしまう。こうした構造上の理由から、資本主義は民主的な願いをくじき、我々の権利や公権力を空洞化し、暴力的な抑圧や終わらない戦争を生み出し、統治を危機におとしいれる傾向にあるのだと言える。

最後に、資本主義社会は社会的再生産の矛盾もはらんでいる。それは「無料」の再生産労働をできるかぎり資本の利益のために利用する特質であり、補塡については一切無視することを指す。その結果、資本主義は周期的に「ケアの危機」を引き起こすのである。女性は疲れ果て、家庭は踏みにじられ、社会のエネルギーは限界点まで酷使される。

言いかえれば、私たちの「マニフェスト」における資本主義の危機とは、単に経済的なものであるだけでなく、生態学的な危機であり、政治的な危機であり、社会的再生産をめぐる危機でもあるということだ。さらに、そのすべては一つの根幹に帰結するのである。それは、自らの必要不可欠な背景条件――資本が支払おうとしない再生産の対価――にただ乗りしようとする資本の本質的な傾向である。その背景条件には、排出された炭素を吸収してくれる大気の能力や、財産を保護したり反乱を鎮めたりお金を安全に保管してくれる政府の能力、そして我々にとってもっとも重要な、人間を育み、生き長らえさせてくれる無償労働などが含まれている。これらなしには、資本は「労働者」を搾取することも、うまく利益を蓄積することもできないだろう。けれど、こうした背景条件なしでは存続できないのが資本主義であるとするならば、それらの背景条件を否定するのも他ならぬ資本主義の論理なのだ。搾取した自然や公権力、社会的再生産に対してまっとうな対価を支払わなければならない場合、資本の利益はもはや消えてなくなるくらいに減少してしまうだろう。利益の蓄積が危ぶまれるくらいなら、それを可能にする前提条件を自ら食い潰すほうがましだというのだ！

以上のことから、私たちの「マニフェスト」はこのような前提に立っている――資本主義は、公的な経済活動から生じる矛盾に加え、さらに多くの矛盾をはらんでいる。「平常」時なら、危機に陥りやすいこのシステムの傾向も多かれすくなかれ潜在的なものに留まり、使い捨て可能・無力であるとみなされている人々だけが苦しむことになるだろう。しかし、現在は平常時ではない。今日、資本主義のすべての矛盾はその限界点に達している。ほとんど誰も――1%の例外を除いて――政治的混乱や経済的不安、社会的再生産の欠乏の影響から逃れることはできない。そして言うまでもなく、気候変動がこの惑星に生きるすべての生命を脅かしている。また、以下のような認識も広まりつつある。つまり、こうした破壊的な展開は深いところで絡みあっており、それぞれを切り離して解決することはできないという認識である。

社会的再生産とはなにか

私たちの「マニフェスト」は今日の危機のあらゆる側面に対処しようとするものである。しかしそのなかでも、ジェンダーの非対称性と構造的につながっている社会的再生産の側面に特別の関心を寄せている。よって、もうすこし踏みこんだ質問をさせてほしい――社会的再生産とは、厳密には何なのだろう？

「ルオ」の例について考えてみよう。ルオ（姓以外非公表）は台湾人の母親で、二〇一七年に息子に対して訴訟を起こした。その内容は、彼の養育に費やした時間と費用に対して賠償金を払うことを求めるものだった。ルオは二人の息子をシングルマザーとして育てあげ、その双方を歯学部に入学させた。それに対する返礼として、彼女は息子たちに自分の老後の面倒を見てほしいと考えていた。息子のうち一人がその期待を裏切ったとき、彼女は彼を訴えたのだった。台湾の最高裁判所は、その息子にアメリカドルで九六万七千ドル〔日本円で約一億四百万円〕支払うよう求めるという前例のない判決を下した。その名目は、彼の「養育費」としてだった。

ルオの例は、資本主義の支配下にある生活の三つの基本的な特徴を示している。ここでまず明らかにされたのは、資本主義が無視したがる、あるいは隠そうとする人間の普遍的事実である。それはつまり、人間を産み、世話し、生かすことには莫大な時間と費用が必要であるということだ。二つ目に示されたのは、人間をこの世に生み出し、その生命を維持する仕事は、我々の社会ではいまだに女性たちによってなされているという事実だ。もう一つルオの例が明らかにしたことは、自然な成り行きに任せていては、資本主義社会は前述の仕事に依存しつつもそれに対して何の価値も認めないということである。

また、ルオの事例は私たちに四つ目の気づきを与えてくれる。それはこの「マニフェスト」とも深く関係している。すなわち、資本主義社会は二つの必要条件——綿密に編みあわされ、かつ対立してもいる——によって成り立っているということだ。その必要条件とは、利潤の形成という特徴的なプロセスを通して資本主義それ自体を存続させようとすることと、人間の形成というプロセスを通して人間たち自身が自らを生かそうとすることである。「社会的再生産」は、後者に属している。一丸となった社会的存在としての人間、つまり食べたり眠ったりするだけでなく、子どもを育てたり家族の世話をしたり、共同体を維持したりしながら、未来への希望を抱いている人間たちを生かす行為は、社会的再生産に含まれる。

人間を育むこのような行為は、すべての社会においてなんらかのかたちで表出する。しかし資本主義社会には、これらの行為が従属すべきもう一人の主人がいる——それは資本である。資本は、社会的再生産労働が「労働力」を生み出し、補填するかぎりにおいて存続できる。最小のコストでその「特殊な商品」を十分な量確保したいがために、資本は社会的再生産の仕事を女性や共同体、国家に押しつけつつ、利益を最大化するのに一番特化したかたちに落としこもうとしている。マルクス主義フェミニズムや社会主義フェミニズム[46]を含むさまざまなフェミニズム理論、また社会的再生産論は、資本主義社会における利潤の形成と人間の形成のあいだにある性質の矛盾を分析してきた。また、前者の実現のために後者を手段として利用する資本の本質的な傾向を明らかにしてきた。

マルクスの『資本論』を読めば、搾取とは何であるかがわかる。それはつまり、生産という過程のなかで資本が賃金労働者を不当に扱うことである。搾取の場において、労働者たちは本来ならば生活費を十分にまかなえる程度の賃金を支払われるはずだが、実際彼（女）らが生産している量はそれよりもずっと多いのだ。言いかえれば、私たちは自らの生活や家族を支え、属する社会のインフラを維持するのに必要な時間を超えて、より長く労働することを「上司」たちから求められている。彼（女）らは、私た

46　女性の解放のためには資本主義ではなく、社会主義が必要だと考えるフェミニズム。

ちが上げた余剰を事業主や株主の利益に割り当てる。

社会的再生産論者たちはこのような状況を拒絶するというよりは、その不完全さを指摘してきた。マルクス主義者や社会主義フェミニストと同じく、私たちはしつこく疑問を投げかけつづける。仕事に来る前に、彼女は何をしなければならなかったのか？　誰が彼女の夕食を作り、ベッドを整え、くたびれる毎日、それでも仕事に戻れるよう、彼女の苦悩を和らげてやるのか？　こうした人を育む仕事はほかの誰かがやってくれるのか、それとも彼女自身が——自らのためだけではなく、家族の誰かのためにも——それをしてきたのか？

これらの疑問が明らかにするのは、資本主義が包み隠そうとしてきた一つの事実である。すなわち、利潤の形成のための賃金労働は、人間の形成に関わる（ほとんどの場合は）無償の労働なしには存在しえないという事実だ。したがって、資本主義による賃金労働の制度は、余剰価値以上の何かを隠していることになる。そのなかには、制度の成立条件でもある――つまり消えない痣《あざ》のようなものだ――社会的再生産という労働が含まれている。とは言っても、人と利潤の両方の「生産」にとって不可欠な社会的過程や制度は、分類上区別されたとしても、たがいに補完しあっていることには違いない。

さらに言えば、それら二つを区別すること自体が資本主義社会の産物だと言えるだろう。これまでも話してきたように、人間を育む仕事はいつだって存在し、つねに女性と結びつけて考えられてきた。しかし、過去の社会では「経済的生産」と社会的再生産がここまで明確に区別されることはなかった。資本主義が到来してはじめて、社会的存在のこれらの側面は二つに引き裂かれたのである。生産は工場や炭鉱、オフィスなど、現金給与によって対価を支払われ、「経済」に関係があるとされている空間へ移動していった。再生産は「家庭」へ、つまり女性的・感傷的であると規定された空間へと追いやられていった。「家庭」において、再生産労働は「仕事」ではなく「ケア」だとして定義され、金銭ではなく「愛」のためになされる行為となった。すくなくとも、私たちはそう教えられてきた。実際のところ、資本主義社会が社会的再生産を完全に個人の家庭に委ねたことは一度もない。そうではなく、社会的再生産の一部をつねに地域に、つまり小規模な共同社会に、また公的制度に、市民社会に割り当ててきたのである。そして、一部の再生産労働を長いあいだ商品化しつづけてきた――今日ほど大々的に行われた時代は一度もなかったにせよ。

それでもなお、利潤の形成と人間の形成の分断は、資本主義社会の核となる根深い摩擦をあぶり出している。利益を増やそうと資本がシステマチックに奔走する一方で、労働者階級の人々は社会的存在としてまっとうな、有意義な暮らしを送るべく努力しているのだ。これらは根本的に共存しえない目標だろう。なぜなら、資本の利益の分け前は、社会生活における私たちの取り分を犠牲にしなければ増えることはないからである。家庭生活を豊かにする社会慣習や、家庭外での暮らしを支えてくれる社会福祉は、つねに利益に食いこむ恐れがある。ゆえに、それらのコストを抑える財政的措置や、そうした労働を弱体化させる思想的策略が、資本主義というシステム全体に特有のものとなっている。

利潤の形成が人間の形成の重要性を上回ること、もしもそれだけが資本主義の物語であるとするなら、資本主義というシステムは正式に勝利を宣言することができるだろう。しかし資本主義の歴史とは、まっとうかつ意義のある生活を求める人々の奮闘によって形作られてきた歴史でもある。賃金闘争がしばしば「パンとバター（生活の問題）」をめぐる闘いとして語られてきたことは偶然ではないのだ。ただ、そのような生活の問題を、これまで多くの労働運動がそうしてきたように、職場における要求のみに限定してしまうことは間違っていると言わざるを得ない。資本は、単なる生活の手段として賃金を定める。そうやって制度化された社会における賃金と生活の不安定な関係、その嵐のような様相を、これまでの運動は見過ごしてきた。労働者たちは賃金のために闘っているのではない。そうではなく、彼（女）らはパンとバターを得るために、賃金をめぐって闘うのだ。生活の手段を求めることは決定因子であり、結果ではない。よって、食物や住居、水、医療、教育などをめぐる闘いはつねに賃金闘争のかたちをとって――つまり、職場においてより高い賃金を求めるというかたちで――表れるわけではない。たとえば、思い出してみてほしい。近代におけるもっとも大きな二つの革命、すなわちフランス革命とロシア革命は、女性たちによるパン暴動から始まったということを。

社会的再生産をめぐる闘争が真に求めるのは、人間の形成を利潤の形成よりも優先する社会構造である。決してパンだけを求めているのではない。このような理由から、99％のためのフェミニズムはパンとバラのための闘争を具体化し、推し進めていくのである。

社会的再生産の危機

この「マニフェスト」が分析している難局において、社会的再生産は深刻な危機の現場となっている。私たちはその根本的な理由を、資本主義の社会的再生産に対する仕打ちが矛盾に満ちているからだと議論してきた。このシステムは社会的再生産の活動なしには機能しえない一方で、それにかかるコストを否認し、経済的価値をほとんど、あるいはまったく認めない。このことが意味するのは、社会的再生産の仕事に必要な力が軽視されているということであり、注目も補塡も必要のない、無料かつ無尽蔵の「贈与」だとみなされているということだ。仮に注目を集めることがあっても、労働者を生み出したり、経済的生産――広く言えば社会――が依存している社会的つながりを維持するのに必要なエネルギーはいつまでもなくならないのだと考えられている。現実には、社会的再生産を司る力は無限ではない。負担をかけすぎて限界に達することも十分にありうるだろう。社会的再生産に対する公的支援を打ち切り、その主要な供給者たちを長く過酷な低賃金労働に従事させるとき、社会は自らが依存している社会全体の能力を食い潰していることになる。

今日我々が置かれているのは、まさにそのような状況である。現在の新自由主義のかたちをとった資本主義は、人間を生み出し、社会的つながりを維持する私たち全体の／個人の能力を体系的に枯渇させていく。一見すれば、この制度は生産／再生産労働をジェンダーによって分業させる資本主義の構造を打ち砕くものにも思える。「共働き世帯」という新しい理想を掲げることで、新自由主義は世界中の女性たちを大量に賃金労働へと駆り出した。しかしこの理想はまやかしである。「共働き世帯」が正当化する労働制度は女性たちにとって解放でも何でもなかった。解放として示されたものは、結局強化された搾取と収奪のシステムでしかなかった。また それは同時に、社会的再生産の深刻な危機の動力源でもあった。

ごくわずかな層の女性たちは、たしかに新自由主義から利益を引き出すことができている。彼女たちは権威ある専門職に就き、企業経営のなかでも比較的低い階層に身を落ち着ける——たとえ同じ階級の男性たちより不利な条件だったとしても。けれど、その他の圧倒的多数を待ちかまえているのは別のものである。それは、薄給かつ不安定な仕事だ——搾取工場、輸出加工区、巨大都市の建設業、大企業の管理下にある農業。そしてサービス部門——たとえば貧しい女性、人種化された女性、移民の女性たちが食べ物を運ぶファストフード店、格安の商品を売るメガストアがそうだろう。彼女たちが掃除するオフィスやホテル、個人家庭。彼女たちが取り替える病院や介護施設の患者のおまる。そしてしばしば彼女たち自身の家族を犠牲にして、遠く離れた場所で行われる、より特権的な階級に属する家族たちの世話などもそれに当たる。

こうした仕事のなかには、かつて無償で行われていた再生産労働を商品化するものもある。しかし、そのような商品化が結果として、資本主義による生産と再生産の歴史的な分断を覆い隠すことになるとしたらどうだろう。この結果もやはり、女性を解放しないことは明らかである。それどころか、資本によってより多くの時間とエネルギーを奪われながら、私たちのほとんどはいまだに「セカンド・シフト（家事）[47]」をこなさなければならないのだ。言うまでもなく、多くの女性たちが従事する賃金労働はまったくもって非解放的なものである。不安定かつ薄給で、労働基本権もその他の社会権も与えないうえに、労働者に自主性を認めず、自己実現も許さず、技術を獲得したり磨いたりする機会も与えようとはしないのだから。こういった仕事が労働者たちに実際与えるのは、職権乱用やハラスメントへのさらされやすさでしかない。

47　ホックシールドらが著書『The Second Shift』（1989）にて、共働き女性にとっての家庭内労働を「二つ目の勤務（シフト）」と呼んだ。

同じくらい重要なことに、この制度のなかで私たちが稼ぐ賃金は、たいてい私たち自身の社会的再生産活動にかかるコストをまかなうには不十分なのだ。ましてや、家族の分もまかなうなどできるはずがない。もちろん、家族のうちほかの誰かの賃金に頼ることができれば助けにはなるが、それでも十分であることはほとんどない。その結果、私たちの多くは「将来性のない仕事《マックジョブ》」を掛け持ちせざるを得ず、物理的にも離れたそれらの職場を行き来しなければならなくなる——運賃が高く、劣化しつつある、安全性にも疑いの残るような交通機関を使って。戦後の時代とは違って、世帯ごとの賃金労働時間は急速に増大しており、私たち自身を養い、家族や友だちを気にかけ、家庭や共同体を維持するような時間はえぐりとられていく。

フェミニスト的なユートピアの幕開けを告げるどころか、現実の新自由主義的な資本主義は搾取を生み出している。男性だけではなく女性も、生き残るために自らの労働力をすこしずつ――そして安価に――売りさばくことを強いられている。さらに、それだけではない。今日の搾取の構造は、収奪と組み合わさって成り立っているのだ。（ますます女性が担うことの多くなった）労働力を補塡するコストを支払うこともせず、資本はもはや労働者たちが自らの必要最低限の生活を犠牲にして上げる利益だけでは満足しなくなった。さらに、搾取される労働者たちの身体や精神、その家族にまで踏みこんでいき、余剰エネルギーだけでなく補塡に必要なエネルギーまで搾り取っていくのである。社会的再生産をさらなる利益源として利用することで、資本はその骨さえも断とうとする。

社会的再生産に対する資本の攻撃は、公共サービスの削減というかたちでも進められている。資本主義の進行段階のなかでもかつての社会民主主義的（または国に制御されていた）段階では、裕福な国の労働者階級は資本からいくらかの利権を勝ち取っていた。それは社会的再生産への政府による支援であり、年金、失業保険、子ども手当、公教育の無償化、健康保険などを含んだ。けれどもその結果は、黄金時代の到来などではなかった。資本主義の中核にいる民族的マジョリティーの労働者たちが上げた利益は、かならずしも事実ではない前提の上に成り立っていたのである。家族の賃金に依存する女性像、人種・民族を理由とした社会保障の対象からの除外、社会福祉を享受するための異性愛規範にまみれた資格基準、「第三世界」に対する現在進行形の帝国主義的収奪がそれに当たる。とは言えど、これらの利権によって、社会的再生産を自ら食い潰してしまう資本の基本的性質から一部の人々が部分的に守られたことは事実だ。

新自由主義化した、金融化された資本主義はまったく別の生き物だと言っていい。国家を支援し、政府による対策をつうじて社会的再生産の営みを安定させるどころか、この資本主義は金融資本に権威を与え、政府や市民を個人投資家の直接的利益のために統制できるようにする。その武器は負債である。金融資本は国債に寄生しており、国債を用いてもっとも穏便なかたちでの社会民主主義的対策さえも違法化し、政府に経済の自由化や市場の開放を強制し、無防備な国民たちに緊縮財政を押しつける。同時に、金融資本は消費者の債務も増幅させる――サブプライムローンからクレジットカードや学生ローンまで、ペイデイローンからマイクロクレジットまで――こうした債務を用いて農業従事者や労働者を統制し、その土地や仕事に従属しつづけるよう仕向けるのである。また、遺伝子組み換え種子や安価な消費財を彼（女）らの低い賃金では到底買えないような価格で売りつけ、それでも買いつづけざるを得ないようにするのである。いずれの方法においても、こうした体制は資本主義に本質的に備わっている矛盾をくっきりと浮き彫りにする。それは、利益蓄積の責務と、社会的再生産の必要性とのあいだにある矛盾である。労働時間の延長と公共サービスの削減を同時に求めることで、資本主義はケアワークを家庭や共同体に外注しておきながら、ケアワークをする彼（女）らの力を弱めているのだ。

その結果、特に女性の側で必死の奮闘が始まる。女性たちは社会的再生産の責任を生活の隙間に無理やり押しこもうとするが、その「生活」を、資本は利益の蓄積のために捧げよと要求している。典型的には、この奮闘とはケアワークをより立場の弱い人々に押しつけることを意味する。それは「グローバル・ケア・チェーン」を築き、裕福な者たちが比較的貧しい女性（たいていは移民や、人種化された集団の人々）を雇い、家の掃除をさせたり、子どもや高齢の両親の面倒を見させたりしながら、自分はより利益の多い仕事に就くという構図を生む。だがもちろん、低賃金で労働するケアワーカーたちも自らの家庭に責任を持とうと奮闘しており、それをなんとか間に合わせるため、より貧しい女性たちに家庭の仕事を委任するのだ。その貧しい女性たちもまた同じことをせざるを得ない――このように延々と、しばしば途方もない距離を越えて、この連鎖はつづいていく。

このシナリオは、「構造調整」の対象とされ、負債を抱えこんだ元植民地国家が打ち立てるジェンダー化された戦略によく当てはまる。交換可能通貨を得ようと躍起になった国のなかには、他国からの送金を目当てに女性の移住を積極的に推進し、外国で有償のケアワークをするよう勧める政府もあった。他方、輸出加工区を作ることによって海外からの直接投資を誘致することになった政府もあり、その対象はたいていが工業（繊維工業や電子機器組み立てなど）だった。そうした分野は薄給で女性労働者を雇用することが多く、女性たちは過酷な労働と性暴力の両方にさらされることとなった。どちらの場合においても、社会的再生産の能力はさらに搾り取られている。ケアの格差を埋めることはおろか、現実は、裕福な家庭から貧しい家庭へ、グローバル・ノースからグローバル・サウスへ、格差によって不利益を被る対象をすり替えているだけなのだ。全体としての結果は、社会的再生産の二極化した再組織化である。一方では、この営みに賃金を払うことのできる富裕層のために商品化され、他方では、そうできない者たちのために民営化される。つまり、後者のカテゴリーに属する者たちが、前者から渡される（すくない）賃金への見返りにケアワークを提供するのだ。

つまるところ、これらはすべて「ケアの危機」と呼ばれている。しかしこの表現は非常に誤解を生みやすい。なぜなら、私たちがこの「マニフェスト」で議論してきたように、この危機はある構造の一部だからだ——つまり、現在の資本主義の全般的危機における本質的な要素なのである。後者の深刻さを鑑みれば、近年、社会的再生産をめぐる闘争が激化しているのも当然だと言えるだろう。「北側」のフェミニストたちはしばしば、「家庭と仕事の両立」に重点を置いていると述べる。しかし社会的再生産をめぐる闘いはもっと複雑なものを内包している——それには、小さな共同体による住宅や医療、食糧の確保、無条件で保障されるベーシックインカム[48]

48 政府がすべての国民の最低所得を保証するため、定期的に現金を送るしくみのこと。近年ではドイツなど実験を始めている国も。

のための運動が含まれている。また、移民や家庭内労働者、公務員の権利をめぐる闘い、利益重視型の介護施設や病院、保育所で働く福祉労働者に労働組合を組織させる活動、デイケアや高齢者介護、一週間あたりの労働時間短縮、産休や育児休暇取得時の賃金の底上げ等、公共サービスのための闘いもそこに含まれる。すべてを合わせると、これらの主張は生産と再生産の関係を根本的に再構成することを要求しているも同然である。それが求めるのは、利益目的の生産よりも人間の命と社会的つながりを優先する社会構造だ。そして、すべてのジェンダー、国籍、セクシュアリティ、すべての肌の色の人々が、社会的再生産活動を安全でよい賃金の保障された、ハラスメントから自由な仕事と結びつけられる世界を目指すことである。

99％のためのフェミニズムの政治学

ここまでしてきた分析によって、私たちの「マニフェスト」の根本となる政治的姿勢が明らかになっている。つまり、フェミニズムは現在の危機的状況に闘いを挑まねばならないという認識である。何度も説明してきたように、この危機は資本主義がせいぜいはぐらかすことはできても、決して解決することはできない危機なのだ。真の解決には、ほかならぬ完全に新しいかたちの社会組織が必要になってくる。

たしかに、私たちの「マニフェスト」は代替案の明確な輪郭を描いたわけではないが、その輪郭は代替案を作り上げようとする闘いのなかでのみ現れくるものである。けれども、いくつかのことはすでに明らかになっている。リベラル・フェミニズムの主張とは違って、セクシズムは支配の機会均等によってなくなるものではない――また、一般的なリベラリズムの主張とも違って、法整備によってなくなるものでもない。同様に、社会主義に対して伝統的な認識を持っている人々には気の毒だが、賃金労働の搾取にばかり注目していても女性を解放することはできない——さらには、どのジェンダーの労働者を解放することもできない。それだけではなく、私たちは資本による無償の再生産労働の道具化にも目を配らなければならない。そこには、あらゆるかたちの搾取が結びついているからだ。現実に必要なのは、資本主義というシステムが生み出した生産と再生産の強固な結びつきを打ち破ることであり、利潤の形成と人間の形成の密接な関係や、前者に後者が従属している状況を解体することだろう。つまりは、これらの共生関係を生み出したひとまわり大きなシステムを終わらせるということである。

私たちの「マニフェスト」は、リベラル・フェミニズムをこの解放のプロジェクトにとっての大きな障害であるとみなしている。リベラル・フェミニズムの潮流が現在のような独占的状況を実現したのは、過去のフェミニストたちによるラディカリズムよりも長持ちし、実のところはその逆を行くことによってである。フェミニスト・ラディカリズム[49]は、一九七〇年代、戦争や人種主義、資本主義に反対する反植民地主義の運動がもっとも勢いづいていたころに興った。そうした運動の革命的精神を受け継ぎ、既存の秩序を支える構造的基盤全体に疑問を投げかけたのである。しかし、その時代のラディカリズムが衰退したときに覇権的な存在として頭角を現したのは、ユートピア的・革命的野心を刈り取られたフェミニズムだった——すなわち、主流派のリベラルな政治風土に追従し、かつそれを反映するようなフェミニズムである。

もちろん、リベラル・フェミニズムのほかには何もなかったというわけではない。闘争的な反人種主義・反資本主義のフェミニズムの流れはずっと存在しつづけてきた。黒人のフェミニストたちは階級搾取と人種主義、ジェンダー的抑圧の共通点について洞察に富んだ分析をしてきた。また、

49 男性というジェンダーが優位に置かれた社会、すなわち家父長制が終焉してはじめて女性は抑圧から解放されるという信念。こうした目標を達成しようとするフェミニストによる集団的な積極行動主義。

比較的新しい、唯物論的なクィア理論[50]は、性的アイデンティティの明確化を求める抑圧的風潮と資本主義の重要なつながりを白日の下にさらしてきた。闘争的な集団は、骨の折れる、日々の草の根的な活動をつづけ、マルクス主義フェミニズムは復興への道をたどっている。それでも、新自由主義の台頭によって、ラディカルな潮流が広がっていくべき土壌は変容し、労働者階級と連帯するあらゆる運動は弱体化させられ、企業に都合のいい代替勢力ばかりが後押しされた──リベラル・フェミニズムはそのうちの一つである。

しかし今日、リベラル・フェミニズムの覇権は崩壊しつつあり、そのがれきの下から新たなフェミニスト・ラディカリズムの波が生まれはじめている。私たちの「マニフェスト」に記したように、現在の運動における重要な革新は、ストライキの運用と再発明だ。ストライキによって、フェミニストたちは労働者たちの運動と一体となる闘いのかたちを取り、さらに

50　クィア・スタディーズのなかでも、経済の下部構造や経済的抑圧などを重視した理論のこと。

その方針を一新した。有償労働だけではなく、社会的再生産を司る無償労働をも放棄することで、彼女たちは後者が資本主義社会において担う不可欠な役割を明らかにしたのである。女性の力を目に見えるかたちで示すことによって、彼女たちはストライキを「所有する」のは自分たちだとうたう労働組合の主張に対抗してきた。既存の秩序を受け入れることへの抵抗を示しながら、ストライキに参加するフェミニストたちは労働闘争をふたたび民主化し、自明であるはずだった事実をもう一度表明していく。それは、ストライキは労働者階級全体のものであるという事実だ――一部の層のものではなく、特定の組織のものでもなく。

こうした波が及ぼしうる影響は、非常に広範囲に及ぶだろう。私たちの「マニフェスト」でも述べたように、フェミニストによるストライキは、階級を形成する要素について、また何を階級闘争とみなすべきかということについて、私たちに再考を迫ってくる。カール・マルクスが労働者階級を「普遍階級」として理論化したことはよく知られている。つまり、彼（女）ら自身が受ける搾取と支配に抗って闘うことで、労働者階級は世界の圧倒的多数を抑圧する社会構造にも対抗していることになり、それゆえにまさしく人類全体が共有する大義を推し進めている、というのが彼の意味するところである。しかし、マルクスにつづく者たちは、労働者階級も人類全体も未分化な同質的集団というわけではないということ、またその普遍性は内部の差異を無視することによって実現されるものではないということをつねに理解していたわけではなかった。私たちはいまでもこのような政治的・知的過ちの代償を払いつづけている。資本主義がもたらす略奪の印象を和らげるために新自由主義者たちが皮肉にも「多様性」を礼讃する一方で、左派のうちあまりに多くの人々がいまだに過去の様式をよりどころにしている。彼（女）らは、私たちを一つにするのはあいまいかつ同質的な階級という概念だと考えており、フェミニズムや反人種主義は私たちを分断するだけだと思いこんでいるのだ。

けれども、闘争的な労働者の標準イメージが白人男性であることが、この時代にはまったくふさわしくないということは次第に明らかになりつつある――そもそも正確だったことなど一度もなかったにせよ。この「マニフェスト」で議論してきたように、今日、世界中の労働者階級は、数十億人の女性、移民の人々、有色人種の人々から成っている。彼（女）らは職場のみではなく、社会的再生産をめぐって闘っている。それはアラブの春[51]の要となった食糧暴動から、イスタンブールのタクシム広場を占拠して行われた都市の富裕化《ジェントリフィケーション》[52]に反対する運動まで、またスペインの怒れる者たち《インディグナドス》を行動に駆り立てた闘い[53]、つまり緊縮財政に抗い、社会的再生産を守るための闘いまで、多くの闘争を含んでいる。

私たちの「マニフェスト」は以下に示す二つの立場を拒否する。一つは、労働者階級を空虚かつ同質的な抽象概念であると考え、階級をめぐる現実

51　二〇一一年前後に中東・北アフリカの各国において発生した民主化運動のこと。二〇一〇年一二月にチュニジアで始まったジャスミン革命が発端とされる。SNSによる拡散が話題となった。

52　都市の一部で居住者が上位の階層に変わると

を矮小化する左派である。そしてもう一つは、自らの利益のために多様性を礼讃する進歩的新自由主義である。代わりに、私たちは一種の普遍主義を提唱している。その形式や内容は、私たちの足元にある多様な闘争からすくいあげられたものである。たしかに、資本主義下の社会的関係に内在する差異や不平等、ヒエラルキーは、被抑圧者と被搾取者のなかに利害の衝突を引き起こす。また、断片的な闘争を拡散するだけでは、社会を変革するのに必要な、堅固かつ支持層の広い協力関係を築くことはできない。けれども、私たちがたがいの差異を真剣に受けとめることができなければ、そのような協力関係は完全に不可能なものとなってしまうだろう。差異を消し去ったり、矮小化しようとするのではなく、私たちの「マニフェスト」はこう提唱する——我々の差異を武器化しようとする資本主義と私たちは闘う。99%のためのフェミニズムは、次のような普遍主義のヴィジョンを具体化していく。それはつねに途上にあり、つねに変化と議論に開か

ともに、地価が上昇したり高級住宅に建て替わるなど、街全体が富裕化する現象。街の名前が変わったり、低所得者層が土地から追い出されるという問題がある。

53 二〇一一年から始まった、金融危機と緊縮財政に苦しむスペインで自然発生的に広まった非暴力デモ。ウォール街占拠運動にも影響したといわれる。

れ、連帯によってつねに新しく築き直される普遍主義である。

99%のためのフェミニズムは反資本主義をうたう不断のフェミニズムである——平等を勝ち取らないかぎり同等では満足せず、公正を勝ち取らないかぎり空虚な法的権利には満足せず、個人の自由がすべての人々の自由と共にあることが確証されないかぎり、私たちは決して既存の民主主義には満足しない。

解説

菊地夏野

1　本書について

本書は既に二五か国で翻訳されているFeminism for the 99%: A Manifesto（Verso Books, 2019）の日本語訳である。著者はアメリカを主な拠点とする三名のフェミニストである。

シンジア・アルッザは、ニュー・スクール・フォー・ソーシャル・リサーチ哲学科教員であり、プラトン等の哲学及びフェミニズム理論とマルクス主義の研究者である。イタリア生まれで、「一三歳の頃から活動家だった」と語っている。

ティティ・バタチャーリャは、パデュー大学教養部教員であり、南アジアの歴史およびフェミニズム、マルクス主義を専門とする。インド系有色女性として、多様な社会正義の問題について発言を続けている。

ナンシー・フレイザーは日本でも著名で、ニュー・スクール・フォー・ソーシャル・リサーチ政治・社会科学科教員であり、政治哲学、正義論、批判理論等を率いている。彼女は一九九〇年代から日本でもフェミニズムの理論家として知られているが、近年特に新自由主義の政治を批判的に分析し、大きな影響を与えている。そのフレイザーが本書について、「これはわたしが一九六八年世代の活動家として初めて書いた政治的な文章である」と語っているのは興味深い。その理由を、状況があまりに厳しく、より多くの人々に現在支配的なものとは異なる新しいフェミニズムを伝える必要を感じたからだと述べている。

2　世界的なフェミニズムの高揚のなかから

厳しい状況というのは、二〇世紀終わりから、共産主義圏は雪崩を打って崩壊し、世界をグローバル市場が覆い出した。あらゆるものが商品化され、規制を緩和されたマーケットは人々を競争の中に放り出し、世界中の労働者の環境は悪化した。人々の格差は拡大する一方だが、弱者を保護するはずの国家や地方の公共セクターはマーケットの競争を後押しする存在に変質した。社会運動やメディア、学問などの権力を批判する役割を持った存在は弱体化し、逆に競争や排除を補完する制度と見まごうばかりである。

このような新自由主義の展開に対して、様々な人々が抵抗の努力を続けている。例えば「99％」を掲げたオキュパイ（占拠）運動は二〇一一年に始まった。「1％の富裕層と99％のわたしたち」の格差を象徴するニューヨーク・ウォール街の一画、ズコッティ公園等を占拠することで、金融支配に異議申し立てを行い、全米各地、さらに世界中に広がった。他にも世界社会フォーラム、「アラブの春」、ヨーロッパの反緊縮運動など相互に影響を与え合いながら各地で抵抗運動が起きている。

このような運動の中で、フェミニズムの主張は見え隠れしながらも必ずしも常に中心化はされなかった。

フェミニズムは二〇〇〇年代以降、日本だけでなく多くの国でバックラッシュにぶつかり、また若い世代のフェミニズム離れを意味する「ポストフェミニズム」もあり、潜在化していた。一方で二〇一〇年代には、SNSの普及もあり、「ポップな」装いを持ったフェミニズムがメディアに取り上げられるようになった。それがさらに顕在化したのが、二〇一六年一一月のアメリカの富豪ドナルド・トランプの世界中を驚かせた大統領選当選にさいしてだった。トランプは、女性差別や人種差別の発言を繰り返し、話題となることで注目をさらい、人気を勝ち取った。彼が意外な当選を果たしたことで、人々がこれからのアメリカと世界の状況に不安を深める中、女性たちの大規模な抗議、ウィメンズ・マーチが行われたのだ。

二〇一七年一月のトランプ大統領の就任式の翌日(一月二一日)、全米五百以上の都市で数百万人規模の大きなデモが行われ、アメリカ史上最大のデモだとされている。これは世界中で報道され、フェミニズムの存在感を知らしめた。

マスメディアはこれによってフェミニズム運動を代表させようとするが、本書はその認識に挑戦している。

ウィメンズ・マーチの翌月、著者三人およびリンダ・オルコフ、バーバラ・ランスビー、ラスメア・オーデ、ケアンガ－ヤマチャ・テイラー、アンジェラ・デイビスの八人が三月八日にストライキをすることを呼びかけた。これは「国際女性デー」として知られている同日に、世界中の女性がストライキをすることへの誘いである。

国際女性デーは今では各国政府や大企業も祝賀するほど普及しているが、起源は二〇世紀初めの社会主義の運動に根ざしている。一九〇八年のこの日、一万五千人の衣料品産業の女性労働者たちが賃上げや労働時間短縮、参政権を求めてマンハッタンの中心を行進した。その多数は移民女性だった。その翌年、織物労働者の移民女性たちがストライキを行い、警察や経営者の弾圧にあった。これを受けてドイツの社会主義者クララ・ツェトキンらが一九一〇年に「国際女性労働者デー」の組織化を行った。

そのような歴史の上で、近年、ポーランドで二〇一六年に中絶禁止の政策に反対して女性たちが抗議ストライキを行い、同年アルゼンチン始めラテンアメリカ諸国でフェミサイド（女性をターゲットとする殺害）に対する抗議運動（Ni Una Menos）が大規模に広がった。これを受けて、二〇一七年の女性デーにストライキをすることが呼びかけられている中、アメリカで著者らが立ち上がったのである。

著者らはウィメンズ・マーチの意義を認めた上で、問題をより焦点化し、トランプ個人の女性嫌悪にとどまらない長期的な女性に対する攻撃に目を向けなければならないとしている。最終的に、ウィメンズ・マーチの呼びかけ人も合流して、二〇一七年のストライキは実施された。ちなみにアメリカでは「女性のいない日（A Day Without a Woman）」と呼ばれている。

この後、二〇一七年一〇月から「#MeToo」が世界的に盛り上がり、「フェミニズムの流行」の一角を成していくが、アルッザはウィメンズ・ストライキは「MeTooへの応答」でもあると語っている。性暴力は多くの女性の日常的な問題であり、ストライキは、孤立しがちな性暴力被害者に対して、共同的な応答を行う試みだとしている。

本書はこのストライキ（International Women's Strike）への継続する呼びかけである。本書がリベラル・フェミニズムへの批判から始められているのは、この背景から理解される必要がある。近年のメディアでの「フェミニズムの流行」を読み解くためには、ウィメンズ・マーチとウィメンズ・ストライキの関係を見極めなければいけない。日本の報道ではこれらはほとんど同一視されている。もちろん実際の運動の中では両者は結びついており、その結びつきに力がある。しかし理論的には、腑分けしなければいけない問題があり、それは、フレイザーが「資本主義の侍女」となぞらえたフェミニズムの出現だ。[1]

「リーン・イン・フェミニズム」は女性も競争に参入し、そこで高い生産性を上げ、マーケットや国家に「貢献」することがフェミニズムの目標だとする。これが問題含みなのは単に抑圧的な価値観であるというだけでなく、新自由主義を正当化するからである。競争や効率といった新自由主義的価値観は、必ずしも容易には受け入れられないが、「多様性（ダイバーシティ）」という言葉で「女性の成功」と結びつけられると輝きを増す。「リーン・イン・フェミニズム」はそうして社会に新自由主義を浸透させる効を奏し、同時にまたフェミニズムを歪めてしまう。そうすればフェミニズムは人々を解放に導くどころか、より追い詰める道具となる。

そのため、著者らは、「リーン・イン・フェミニズム」に代表されるリベラル・フェミニズムを批判し、そうではないフェミニズムをわたしたちに伝えようとしている。そして、ウィメンズ・ストライキの運動は、問題がトランプ大統領のみにあるのではないと考え、トランプの政治はより大きな問題の「症状」だという認識を持っている。

この認識は、近年フレイザーが論じている「進歩的なネオリベラリズム」と関係している。フレイザーによれば、トランプの勝利は「普通の人々」の反乱を意味している。この数十年間のネオリベラル化の進展によって、経済は金融化し、これまで社会のマジョリティを占めていた製造業労働者や農業労働者等は居場所を失った。例えばビル・クリントン政権は、脱工業化を進めながらウォール街を支援し、「多様性」や「解放」を旗印に女性や若者の権利、多文化主義といった主張を打ち出しその政治を正当化した。そういった主張は金融界や勃興したＩＴ産業のエリートたちと親和し、「取り残された普通の人々」の反発を呼んだ。それらの人々にとって、エリート層を代表するのがヒラリー・クリントンだと見なされたのである。そうして、新自由主義に反発する層はトランプを選んだ、それがもうひとつの隘路だとも気付かずに。

この矛盾を踏まえ、トランプの反動的なポピュリズムに反対する時、ヒラリーが象徴する「進歩的なネオリベラリズム」ではなく、本書の提唱するフェミニズムにもとづくべきだというのがフレイザーらの主張である。

「リーン・イン・フェミニズム」と「99％のためのフェミニズム」の関係は、単なる「路線対立」というよりも、以上のような構造的な把握を踏まえたものであるということを理解する必要がある。

3　資本主義とレイシズムと

本書の意義のひとつは、わかりやすい言葉で、望ましいフェミニズムの基本的立場を説明しているところである。フェミニズムと資本主義の関係性について、これほど明快に説明した例は少ないだろう。「リーン・イン・フェミニズム」などリベラル・フェミニズムとの違いは、資本主義へのスタンスにある。そのさいのキーワードとなるのが「社会的再生産（social reproduction）」である。

社会的再生産論

社会的再生産論を研究しているバタチャーリャによれば、社会的再生産とは、生命を生み、維持し、継続させる活動と制度を指している。[2] 具体的には出産、育児、家事、介護などの活動および住居、公共交通、病院、学校などの制度である。社会的再生産論が以上のような生を作り出す活動と制度の重要性に注目するのに対して、資本主義は、モノと利益の生産を優先させる。そして、社会的再生産の活動を主要に担うのが女性である。

またフレイザーは社会的再生産を「社会的な関係性の創造と維持」と説明し、世代間のつながりと、友人や家族・コミュニティなどの水平的なつながりを意味するとしている。[3] そして社会的再生産から経済的再生産をくり抜き、分離して序列化することで資本主義は成立したとする。資本主義は社会的再生産を価値の低いものとして扱う。この社会的再生産の軽視と搾取が、近代資本主義社会における女性の抑圧の根本にあるのである。

フレイザーによれば、社会的再生産の抑圧は三段階の変遷をたどる。近代資本主義の初期には自由資本主義が社会的再生産を私有化し、二〇世紀半ばの国家統治型資本主義は部分的に社会化し、現在の新自由主義はますます商品化する。それらを通して社会的再生産はジェンダー化され、女性の労働に依存している。

以上から、フェミニズムと新自由主義、また資本主義の関係性が理解できるだろう。資本主義は、ジェンダー化された社会的再生産の抑圧なしには成立しない。特に新自由主義は、社会的再生産の商品化と民営化を推進する。医療も教育も公的予算を削られ民営化され、それらの領域の労働者の多数を占める女性の環境は悪化する。同時に新自由主義は「男性は仕事、女性は家事」という性別役割分業を更新して「男性は仕事、女性は家事も仕事も」と変容させるため、一部の女性は男性と同様に競争に参入する。新自由主義下で女性は、再生産労働と賃労働の二重の負担強化に直面するのである。

ブラック・ライヴズ・マター

ここで重要なのは、社会的再生産の抑圧に、人種の不均衡が埋め込まれていることである。分かりやすいのが、「リーン・イン・フェミニズム」が目指す女性のキャリア達成が、現実には移民女性や有色女性のメイドたちに再生産労働を転嫁することによって可能になることである。そもそも、近代資本主義自体が、奴隷貿易に始まり、植民地の略奪と搾取および黒人奴隷制によって生まれた。

バタチャーリャが指摘するように、近年しばしば言及される「交差性(intersectionality)」論は、人種とジェンダーを分離したものとして扱い、二つが外部で交わるように認識しているが、現実にはそうではなく、二つは本質的に共に構成されている。ひとつの有機的な全体性によって理解されなければならない。

これらのことがより明らかになったのが、現在のコロナ禍だろう。グローバル化は人々の競争を強化し移動を増加させたが、代わりに社会の脆弱化も生んだ。ウイルスの伝播は世界を混迷させ、アメリカでは、とくに有色の人々の被害が大きいことがいわれている。公的健康保険のないアメリカでは、無保険者が感染した場合、莫大な治療費が必要とされる。したがって、貧困層ほど感染リスクが高い。バタチャーリャによればアメリカの在宅医療介護労働者の九割が女性、その過半数が有色であるという。劣悪な待遇で、「未登録（undocumented）」の外国籍労働者も多く、仕事の掛け持ちをしている者も珍しくない。それが「エッセンシャル・ワーカー」と呼ばれる者たちの実態だ。

このような背景から「Black Lives Matter（ＢＬＭ）」運動の盛り上がりが起きた。ＢＬＭ運動自体は、二〇一〇年代に起こされ、警察の黒人への暴力に反対し、黒人差別に抗議する運動である。コロナ禍の中、さらに運動は再燃している。アルッザは、ニューヨークのブルックリンで生じたＢＬＭの抗議行動の状況を報告している。

二〇二〇年五月二五日、ミネアポリスでジョージ・フロイドが警官に殺害されたことに怒った人々が全米で抗議運動を起こした。ブルックリンではバークレイズ・センター前に大勢の人々が集まった。このセンターは二〇一二年に建設され、当初からジェントリフィケーションの象徴として反対されていた。ジェントリフィケーションとは、都市の中枢地域が再投資・再開発により労働者階層が排除され高級化・富裕化することである。

連日この地に集まった市民は、明確なリーダーもいないまま自然発生的にスピーチを始め、各々が怒りや愛、連帯、希望、感謝、政治分析を述べ合う場と化した。例えば黒人のホームレス男性は「初めて白人が私たちの闘いを支持している」と語り、また茶色い肌のトランス女性は茶色い肌のシス男性に「わたしたちを支持できないなら帰れ！　わたしたちは連帯する必要がある」と語った。マーチを始める人々もいた。警察の取り締まりをかわしながら練り歩くと、街中から、抗議者たちに声援が与えられた。センター前では飲み物や食べ物、消毒薬やマスクを人々が持ち寄り、分け合った。

アルッザはこれを、ケアの行為、ラディカルな、下からの共同的な社会的再生産だと呼んでいる。「美が街に戻ってきた」と。フロイド、ブレオナ・テイラー、ジャマル・フロイド等「軍事化されたレイシスト国家」に殺された無数の黒人、コロナで亡くなった一〇万以上の人々。死者たちへの追悼と、怒りが、人々に資本主義と国家が抑圧する自由を一瞬にせよ行使するのを可能にさせたと。このような瞬間は、ほどなく既成の政党政治に吸収されたり、資本や国家に抑圧されたりする。だがこのときの可能性を様々な形で持続させ、生き延びさせることで私たちの未来は取り戻されるのである。

4　おわりに

最後に、本書がフェミニズム理論においてもつ意義を確認しよう。ＢＬＭにおける連帯を可能にしたのは「自律性」であり、これはウィメンズ・ストライキが目指しているものと共通している。

本書が謝辞を捧げているカンビー・リバー・コレクティブは、一九七四年から八〇年にボストンで活動した黒人のレズビアンの共同体である。市民権運動には性差別への十分な視点がなく、白人女性中心のフェミニズムにはレイシズムへの視点がなかったため、彼女たちは独自の立場を必要とした。

コレクティブはブラック・フェミニズムの立場から、人種、性、異性愛主義、階級の絡まり合う抑圧を分析し、変革しようとした。コレクティブの起草したステートメントは、アイデンティティ・ポリティクスの重要性を記しているが、同時に、白人のフェミニストが求める分離主義（一つのアイデンティティに基づいて排他的な集団を作ること）は批判している。レイシズムの深刻さを体験している彼女たちは、黒人男性との共闘も必要だし、男性性は社会的に作られたものであると考える。生物学決定論に反対すると明確に述べ、女性の抑圧を性的起源に限定することは階級や人種の問題を無効にすると批判している。

本書はこのコレクティブから大きな影響を受け、「女性」という立場を重視しながらも、その主体は限りなく開いていこうとしている。「自律性」を実現するためには、単一の差別に限定するのではなく、むしろ錯綜する権力関係のただなかに主体を考える必要がある。

コレクティブの主唱者のひとり、バーバラ・スミスもストライキの呼びかけに加わっている。スミスは、白人女性の多くがトランプに投票したのは彼女たちの「白人優越主義（white supremacy）」のためだとし、白人優越主義はフェミニズムも含めた進歩的な人々をも分断しているという。「リーン・イン・フェミニズム」は経済的に特権があり、シスジェンダーの白人女性には有効だが、黒人女性である自分には意味がないとして、すべての女性の権利と自由のために闘うウィメンズ・ストライキを支持している。

フェミニズムにおけるレイシズムの問題は、ウィメンズ・マーチの初期から内包されていた。本書が提起するフェミニズムがそれを超えるものであることが期待されている。

また、本書は随所で「トランス女性」や「セックス・ワーカー」といったマイノリティ女性を主体に含めている。どちらも、従来から、フェミニズムがどのようにかかわるか対立が続いてきた存在である。女性から排除し、否定するフェミニストすらいる。本書が、そうではなく、ともにある存在として含めていることは大きな意義を持っている。

そして、最終的には女性だけでなく、すべての人々の「99％」の連帯を目指している。ブラック・フェミニズムや社会主義フェミニズム、クィア・ムーブメント等の成果を踏まえ、新しいフェミニズムを生み出そうとしているのである。「自律性」と「開放性」という異なる理念がフェミニズム理論を牽引してきた。ふたつを同時に模索する本書のフェミニズムにこそ可能性があるだろう。

日本は、アメリカほどのダイナミックな運動の可視化はまだできていない。しかし、「リーン・イン・フェミニズム」はむしろ政府主導で行われ、フェミニズムは女性が男性以上に「活躍」し、国家と経済に貢献することであるかのように理解されている。フェミニズムが歪められたまま流通している。そしてフェミニズム内部でも、この状況について十分に認識されているとは言えない。本書は日本のフェミニズムに一石を投じることにもなるだろう。

また、一般に日本には人種差別の問題はないかのようにイメージされているが、「白人優越主義」の意識は共有されているし、ナショナリズムは年々強化されている。何より植民地主義の歴史を払拭していない。日本軍「慰安婦」問題はいまだ国際関係に大きな亀裂を入れているし、被害女性の訴えは日々バッシングやヘイトスピーチでかき消されている。「慰安婦」問題をめぐって日本のフェミニズムが分裂を深めていることもあまり知られていない。この問題は、ジェンダー、セクシュアリティ、階級、民族、国家がいくえにも絡まったものであり、実は本書の射程とまっすぐに重なり合っている。

マイノリティ・フェミニズムの重要性もまだ十分広まっていないが、だからこそ日本で本書のフェミニズムを伝え、ともに作り出していくことには大きな意義があるだろう。

本書が、これを必要としているすべての人々の手に届くことを願ってやまない。

注

1 ナンシー・フレイザー、菊地夏野訳「フェミニズムはどうして資本主義の侍女となってしまったのか――そしてどのように再生できるか」『早稲田文学』二〇一九年冬号。ナンシー・フレイザー、関口すみ子訳「フェミニズム、資本主義、歴史の狡猾さ」『法学志林』一〇九巻一号、二〇一一年。

2 Tithi Bhattacharya ed. *Social Reproduction Theory*, Pluto Press, 2017.

3 ナンシー・フレイザー、菊地夏野訳・解説「資本主義におけるケアの危機」『早稲田文学』二〇一九年冬号。

訳者あとがき

二十四歳の女性として、自分や周囲のひとびととフェミニズムとの関わりあいをながめるとき、わたしが生きている日本ではいまやっと「ジェンダー」という言葉が同世代のあいだでも浸透しはじめ、その規範的な力によってもたらされた日々の違和感を、怒りを、しばしばその手前にあるかなしみを、言語化しようとしている段階だと感じる。ゆえに、その違和感の、怒りの、かなしみの原因をそもそも作り出している（あるいは強化している）「構造」に目を向け、それを批判するという『99%のためのフェミニズム宣言』のラディカルな態度は、多くの人にとって新しいものに映るのではないかと思う。

フェミニズムが目指すのは、けっして「女性」だけのユートピアではない。これだけ多くの分断線が用意され、ひとびとを分かとうとする力がはたらく世界において、わたしとあなたは、どれだけ理解しようとしあえるか、どれだけ想像することができるか、そしてどれだけ愛しあえるか。フェミニズムをつうじて、すくなくともわたしはそんなことを考えている。ただ、さまざまな人と手をとりあおうとするなかで、それでも「女性」というフレームを設定することが必要なのは、そうしなければ語られない言葉があるからだ。「女性」という属性のなかに、たしかに苦しみがあるからだ。その痛みを、無視することをやめるためだ。ひとりひとりの「わたし」たちが自分の経験について語りはじめ、わからない痛みに、しずかに耳を傾けるためだ（フレームを設定することの重要性は、コロナ禍のさなかで激しく再燃しているBlack Lives Matterの運動でも明らかになっていると思う）。さらには、ひとつのフレーム――「窓」を開くことで、わたしたちはその周辺に広がる景色を見渡せるようになる。そして、開かれるのを待っている無数の「窓」が、ほかにもあることを知るようになる。「女性」という窓を開くのは、フェミニズムの大切な、しかし最初の一歩にすぎない。その窓をのぞきこむことで、わたしたちはもっと多くの属性について、ひとびとについて、想像しはじめなければならない。フェミニズムはきっと人とともに変わりつづける。けれどその根底にあるのは、誰かを「いなかったこと」にしないための、苦しみやかなしみを「なかったこと」にしないための、愛によって開かれた知性だと思う。

著者たちも言うように、本書は明確な「ゴール」を示してくれるものではない。けれども、わたしたちがどこへ向かうべきか、批判すべきはいったいなんなのかということを力強く指し示してくれている。あまりにあたりまえに順応してきた（資本主義という）システムに疑問を投げかけ、性をめぐる多くの問題の根源をそのなかに見出してくれることで、わたしたちは自分と密着した生活を、それを支える社会を、一歩引いた視点からながめることができる。フェミニズムが見つめているのはけっして女性対男性の対立ではないこと、そうではなく、苦しみを作り出すもっと大きな「構造」があることを、わたしたちに教えてくれる。そうやって、向かうべき方向をびしっと指さしてくれる。思いもよらないところで複雑に絡みあうこの世界で、いやおうなく他者にさらされ、性とむすびつけてまなざされる身体を生きているすべてのひとびとに、もっと自由に、もっと自由に生きたいと願うすべてのひとびとに、この本が届くことを願う。

翻訳にあたっては、多くの方々にお世話になった。なかでも、人文書院の浦田千紘さんには、翻訳の機会を与えてくださったこと、作業が遅れがちな訳者に辛抱強く併走してくださり、ていねいに原稿を読んで、どのような表現が適当であるかについてもいっしょに検討してくださったことを、ここで深く感謝したい。同志社大学の藤井光先生は、ご多忙のなか、おどろくべきスピードで訳文をチェックしてくださり、すくいあげるべきニュアンスをさりげなく補いながら、数え切れないほどの推敲のアドバイスをくださった。ほんとうにありがとうございました。また、コロナ禍でどこにもいけず、家にこもりきりで訳出の作業をしていたこの夏、いつもそっと応援してくれていた家族にも感謝したい。ありがとう。

二〇二〇年九月　惠愛由

著者略歴

シンジア・アルッザ（Cinzia Arruzza）

ニュー・スクール・フォー・ソーシャル・リサーチ（the New School for Social Research）哲学科准教授。著書に *A Wolf in the City: Tyranny and the Tyrant in Plato's Republic*（2018, Oxford University Press）など。

ティティ・バタチャーリャ（Tithi Bhattacharya）

パデュー大学歴史学准教授。著書に *The Sentinels Of Culture: Class, Education, And The Colonial Intellectual In Bengal*（2005, Oxford University Press）など。

ナンシー・フレイザー（Nancy Fraser）

ニュー・スクール・フォー・ソーシャル・リサーチ（the New School for Social Research）政治・社会科学科教授。翻訳書は向山恭一訳『正義の秤――グローバル化する世界で政治空間を再想像すること』（2012年、法政大学出版局）、共著に『再配分か承認か？――政治・哲学論争』（2012年、加藤泰史監訳、法政大学出版局）など。

訳者略歴

惠愛由（めぐみ・あゆ）

1996年生まれ。同志社大学大学院文学研究科英文学専攻博士課程。専門は現代アメリカ文学、ジェンダー表象研究。BROTHER SUN SISTER MOON でベースとボーカルを担当。

解説者略歴

菊地夏野（きくち・なつの）

名古屋市立大学人間文化研究科教員。専攻は社会学、ジェンダー／セクシュアリティ研究。単著に『ポストコロニアリズムとジェンダー』（青弓社）、『日本のポストフェミニズム』（大月書店）、共著に『戦争社会学――理論・大衆社会・表象文化』（明石書店）、『国境政策のパラドクス』（勁草書房）など。

ISBN978-4-409-24135-6　C1036

99％のためのフェミニズム宣言
二〇二〇年一〇月二〇日　初版第一刷発行
二〇二三年　七　月一〇日　初版第五刷発行
著　者　シンジア・アルッザ
　　　　ティティ・バタチャーリヤ
　　　　ナンシー・フレイザー
訳　者　惠愛由
発行者　渡辺博史
発行所　人文書院
〒六一二‐八四四七
京都市伏見区竹田西内畑町九
電話〇七五・六〇三・一三四四
振替〇一〇〇〇‐八‐一一〇三
印刷所　創栄図書印刷株式会社
装　丁　上野かおる